D1729432

Дорогой Читатель!

Искренне признателен, что Вы взяли в руки книгу нашего издательства.

Наш замечательный коллектив с большим вниманием выбирает и готовит рукописи. Они вдохновляют человека на заботливое отношение к своей жизни, жизни близких и нашей любимой Родины. Наша духовная культура берёт начало в глубине тысячелетий. Её основа — свобода, любовь и сострадание. Суровые климатические условия и большие пространства России рождают смелых людей с чуткой душой — это идеал русского человека. Будем рады, если наши книги помогут Вам стать таким человеком и укрепят Ваши добродетели.

Мы верим, что духовное стремление является прочным основанием для полноценной жизни и способно проявиться в любой области человеческой деятельности. Это может быть семья и воспитание детей, наука и культура, искусство и религиозная деятельность, предпринимательство и государственное управление. Возрождайте свет души в себе, поддерживайте его в других. Именно это усилие создаёт новые возможности, вдохновляет нас на заботу о ближних, способствует росту как личного, так и общественного благополучия.

Искренне Ваш,
Владелец Издательской группы «Весь»
Пётр Лисовский

КАК РАЗВИТЬ В РЕБЕНКЕ ХАРИЗМУ И ГЕНИАЛЬНОСТЬ

Шабшай Г.,
Шабшай Е.

ISBN 978-5-9573-3146-9

Все дети разные. Одни любят сидеть днями напролет в одиночестве над конструктором, а потом неделю — над рисованием. Другие не могут обходиться без друзей, и общение нужно им, как воздух, а сосредоточиться над конкретной задачей для них — целая история.

Однако не стоит считать, что раз ваш ребенок тихоня и любит одиночество, то успех пройдет мимо него. А сорвиголова совсем не обязательно будет таким же отчаянным взрослым.

Важно понять: все дети с рождения талантливы, харизматичны и гениальны по-своему.

Эти качества можно и нужно развивать, чтобы ребенок вырос уверенным в себе человеком, самостоятельной личностью, способной распорядиться своей жизнью.

В книге описаны десять психотипов ребенка. Каждый тип отличается внешним видом, способом мышления, увлечениями и привычками, а также заложенными с рождения, но не всегда проявленными талантами, уникальностью. Понимание особенностей типа ребенка, правильная тактика общения, специальные упражнения и игры, описанные в этой книге, помогут раскрыть все дарования вашего юного гения!

Книга проиллюстрирована юмористическими цветными и графическими рисунками, чтобы читателям было легче разобраться во всем многообразии типов.

Все книги издательства «ВЕСЬ» можно заказать по телефону: 8 800 333 00 76

СЛЕДИТЕ ЗА НОВИНКАМИ, ИНТЕРЕСНЫМИ СОБЫТИЯМИ И ПОСЛЕДНИМИ НОВОСТЯМИ ОТ НАШИХ АВТОРОВ В СОЦИАЛЬНЫХ СЕТЯХ И С ПОМОЩЬЮ БЕСПЛАТНОГО ПРИЛОЖЕНИЯ!

vk.com/vesbook
twitter.com/vesbook
facebook.com/pg.vesbook
instagram.com/vesbooks

ЛЮСИ ХЕММЕН

ДОЧЬ-ПОДРОСТОК

Экспресс-курс
по разрешению конфликтов,
общению и установлению
связи с дочерью

Санкт-Петербург
Издательская группа «Весь»
2021

УДК 159.961
ББК 88.6
Х37

Lucie Hemmen
**Parenting a Teen Girl: A Crash Course on Conflict,
Communication and Connection with Your Teenage Daughter**

Перевод с английского *Елены Сибуль*

Оформление обложки *Алвард Огангжанян*

Хеммен Л.

Х37   Дочь-подросток. Экспресс-курс по разрешению конфликтов, общению и установлению связи с ребенком. — СПб.: ИГ «Весь», 2021. — 272 с.: ил.

ISBN 978-5-9573-3456-9

Ваша дочь — уже подросток! Не слышу энтузиазма по этому поводу. Скорее всего, вас предупреждали: «Радуйтесь сейчас, а то однажды она достигнет этого ужасного возраста».

Да, жизнь с подростком — не отдых на пляже. Ей уже не нравится легкое похлопывание по попе, как было раньше, и вы не можете называть ее пирожком в присутствии друзей. Она удивляет вас взрывом любви, но через минуту ее сердитый взгляд заставляет задуматься, не выделяете ли вы какой-нибудь токсичный феромон, отталкивающий дочь. С грустью вы вспоминаете дни, когда она вся начинала светиться, лишь завидев вас...

В этой книге мы рассмотрим все возможные родительские трудности, чтобы вы почувствовали себя уверенно, проходя подростковый период вместе с дочерью. И как бы вам иногда ни казалось, но ваша колючая дочь хочет крепкой связи с вами и нуждается в ней.

Люси Хеммен

**УДК 159.961
ББК 88.6**

Тематика: Психология / Практическая психология

Опубликовано с согласия New Harbinger Publications, 5674 Shattuck Avenue, Oakland, CA 94609.

ISBN 978-5-9573-3456-9
ISBN 978-1608822133 (англ.)

Я посвящаю эту книгу моей невероятной маме — это лучшая поддержка в написании книги и лучшая мать, о которой я могла бы мечтать.

Спасибо, мама!

Оглавление

Благодарности

Я очень благодарна моей замечательной семье и друзьям за поддержку в этом приключении. Спасибо, мама и папа, за предложение когда-нибудь написать книгу и за то, что ваш дом стал моим офисом. Спасибо, Джефф, за твою постоянную поддержку. Спасибо вам, Марли и Дейзи, за то, что позволили мне осмелеть до того, чтобы написать книгу о воспитании девочек. Спасибо тебе, Кара, за то, что ты — полная энтузиазма и самая любящая сестра, о которой можно только мечтать.

Эта книга не состоялась бы без моих замечательных клиентов-подростков, которые многому меня научили и позволили делать паузы во время сеанса, чтобы взять планшет и записать идеи, на которые они меня вдохновили. Их готовность поделиться собой и своей жизнью мотивировала меня на презентацию другим родителям того, что я узнала.

Я люблю и благодарю моих АВС — Андреа Халтцен, Бет Вонн и Кэрри Моррис — за то, что вы — лучшие друзья, которых можно только пожелать, и совершенно потрясающую поддержку в создании книги. Также спасибо моим дорогим друзьям и коллегам Тому Вестерну, Джесси Бёрджисс, Грегу Бруно, Хейди Брюс и Таре Леонард за их непоколебимую уверенность во мне и в материале. Я очень благодарна Джесс О'Брайан и *New Harbinger Publications* за

то, что приняли меня как автора, и Джин Бломквист — за то, что она настоящий редактор мечты. Также я благодарю Джоанну Даблдей за то, что крепко держала меня за руку, когда я вошла в альтернативную вселенную под названием «социальные сети» и интернет-маркетинг.

1.

Перемывая косточки подросткам: как все обстоит в действительности

Ваша дочь — подросток. Примите мои поздравления! Не слышу энтузиазма по этому поводу. Скорее всего, вас предупреждали о подростковом возрасте с самых пеленок. «Радуйтесь сейчас, а то однажды она станет подростком». Вместо ощущения поддержки в воспитании дочери-подростка мы часто испытываем одиночество, перегруженность и замешательство. Вы не уверены, что кто-то может вам помочь или что вы можете обратиться за помощью, не испытывая смущения, не чувствуя осуждения или незащищенности.

Вы можете заметить:

- Друзья спрашивают вас о дочери с настороженным любопытством. Кажется, что теперь, когда она стала подростком, люди ожидают худшего.
- Когда вы кому-то говорите, что у вас дочь-подросток, выражение лиц становится сочувствующим, словно вы только что рассказали о серьезной медицинской проблеме.
- Кажется, все меньше людей умиляются, как в старые добрые времена, когда у ребенка прорезывались зубки или нужно было отучать от соски.

Пессимизм нашей культуры в отношении девочек-подростков также влияет и на то, как они чувствуют

себя в обществе. Вместо того чтобы приветствовать их и признавать полноценными членами общества, девочек-подростков часто осуждают, обращаются к ним покровительственно или избегают их.

Девочки-подростки замечают:

- Презрительные взгляды взрослых, особенно по отношению к группе подростков.
- Ускользающие взгляды, словно людям неприятно видеть их.
- Пристальные неуважительные взгляды, по которым они чувствуют, что им не рады, их не ценят или оценивают их сексуальность.

Почему существует это общее чувство настороженности? Потому что девочки-подростки пугают людей! Периодическими проявлениями угрюмости, замкнутости в общении и вызывающим выбором одежды девочки, находящиеся на этой стадии развития, вызывают дискомфорт в нашей культуре и даже в семьях. Если вы начали переживать, когда ваша дочь приблизилась к тринадцатилетнему возрасту, то вы в этом не одиноки. На вас повлияли традиционные для общества опасения и негативное отношение к подросткам, которое влияет на всех.

Джош, отец четырнадцатилетнего ребенка, когда его попросили поразмышлять над отношением к девочкам-подросткам, ответил так: «Я чувствовал себя неуютно. Они казались мне слишком дерзкими. Может, я замечал только тех, которые изо всех сил старались выделяться». Лора, мама двух девочек-подростков, сказала: «Я не принимала этого. Я думала, что они навсегда останутся маленькими. А потом — бум! Любое наше общение превращается в спор».

Начало разговора

Спросите вашу дочь, как к ней относятся в обществе. Начните с вопроса, где, по ее ощущениям, ей рады больше всего и где ей наиболее комфортно в обществе. В каких магазинах, кафе или кофейнях ей и другим подросткам рады и относятся к ним с уважением? Где ей рады меньше всего? Какие компании или заведения вовсе не рады подросткам или относятся к ним с подозрением?

Постановка таких вопросов просветила одного папу. Он узнал, что его дочь и ее друзья не ходят в определенные магазины, потому что чувствуют, что владельцы пристально наблюдают за ними, словно они воры. Поскольку папа слушал открыто и заинтересованно, он многое узнал от дочери, которая как раз была расположена поговорить.

Расскажите своей дочери о том, как вы были подростком. Как к вам относились взрослые и работники различных заведений? Как вы чувствовали себя в обществе? Если вы боялись делать заказы в кафе или стеснялись находиться в обществе с родителями, поделитесь с ней воспоминаниями. Вы можете подтвердить ее ощущения, сказав что-то вроде: «Я понимаю, что ты иногда смущаешься, находясь со мной в обществе. Я тоже так чувствовала себя в твоем возрасте».

Даже если вы отлично справитесь с началом разговора, ваша дочь может быть не в настроении разговаривать. Даже если это так, по крайней мере, она поймет, что вы ею интересуетесь. Если она захочет разговаривать, то вы можете узнать о ее жизни в обществе то, чего не знали.

Основные источники предубеждений

Чтобы проверить обоснованность общественного пессимизма, пропитывающего как родителей, так и дочерей, давайте посмотрим на два основных источника, создающих негативное отношение к девочкам-подросткам. Это СМИ и социальное сравнение.

Источник № 1: СМИ

Хорошие новости о подростках редко являются темой СМИ, в то время как плохие новости раздуваются и распространяются. Сложно избежать плохих новостей о подростках, занимающихся такими вещами, как:

- неумеренное употребление алкоголя;
- сексуальные связи;
- экстремальные развлечения, приводящие к травмам;
- кража в магазинах;
- жестокость;
- вандализм;
- употребление наркотиков.

Непристойные заголовки, клеймящие подростков книги и пикантные телесюжеты никак не помогают родителям в воспитании и не способствуют здравомыслию. Чтобы привлечь внимание читателей, зрителей и покупателей, подростков постоянно изображают скандальными, поверхностными и создающими проблемы. Поскольку отдельные случаи могут оказать сильное эмоциональное воздействие, СМИ создают впечатление о довольно редких событиях как о катастрофической эпидемии. Например, внимание к буллингу* девочек-подростков стало для СМИ во многих

---

* Буллинг (*англ.* bullying) — травля одного из членов группы остальными. — *Примеч. ред.*

аспектах важным и прибыльным. Это реальная проблема, требующая вдумчивого отношения. Однако лавина публикаций сводит ее к образу «среднего подростка», формируя искаженный стереотип девочек-подростков, и создает впечатление, что плохое поведение среди девочек этого возраста — обычное, неизбежное и повсеместное явление, хотя это не так.

Да, девочки-подростки могут привести нас к проблемам, требующим разумного, бережного внимания. Нет, мы ничего не выигрываем из-за бездушного стремления СМИ шокировать и взволновать нас, так как мы уже стараемся сделать все, что в наших силах. Вы что-то услышали из СМИ. Хотите ли вы знать, что на самом деле происходит с подростками? Проверьте свои знания с помощью следующего упражнения.

Упражнение «Знаете ли вы, что действительно происходит с подростками?»

Правда или вымысел?

_____	Употребление наркотиков среди подростков бьет все рекорды.
_____	Подростковый секс все растет.
_____	Все больше подростков курят.
_____	Подростковый алкоголизм увеличивается.
_____	Влияние родителей в подростковый период уменьшается.

Готовы к неожиданным новостям? Все предыдущие утверждения — неправда. Американские подростки не такая ходячая катастрофа, как их выставляют СМИ. В действительности же тенденции, выявленные Национальным институтом по злоупотреблению наркотиками (2010) среди старшеклассников и молодежи, показывают, что масштаб

многих из названных проблем значительно *уменьшился* с тех пор, как мы, родители подростков, сами учились в старших классах.

Сосредоточимся на действительности

Несмотря на то что жизнь с подростком — не отдых на пляже, чрезмерный негатив незаметно формирует общественный пессимизм, который не дает сфокусироваться на действительности и по-настоящему существующих сложностях. Так где же правда?

Плохие новости хорошо продаются. Заголовки СМИ, созданные, чтобы шокировать, не только привлекают внимание читателей, но и «загрязняют» общественное мнение о подростках. СМИ фокусируются на проблемах подростков, а хорошие новости, которых много, преимущественно игнорируются.

Подростки впечатлительны. Развиваясь, они экспериментируют с тем, как вести себя в мире. Родители никогда не знают, чего ожидать, и им ежедневно приходится принимать решения, балансируя между свободой подростков и их безопасностью. Когда ваш упрямый подросток пытается заставить вас согласиться на свой план, который при этом объясняет слишком быстро и не очень конкретно, жизнь становится напряженной.

На подростков уходит много сил. Девочки-подростки потребляют родительские энергию, еду, деньги и пространство. У них сложная жизнь, полная вызовов, и им очень нужна помощь родителей (подвезти, сходить за покупками в магазин, поесть, выслушать, подсказать, присмотреть и проявить любовь). В то время как они сосредоточены на себе, что соответствует процессу

развития, высокая потребность в поддержке родителей изматывает.

Как только мы откажемся от негативного мышления, свойственного нашей культуре, мы сможем сосредоточиться на настоящих сложностях:

- Как обеспечить безопасность подростка и одновременно расширить его свободу?
- Как поощрять высокие достижения и одновременно обеспечить здоровое, сбалансированное развитие?
- Как поощрять общение, не вынуждая их замолчать?
- Как относиться к роли технологий в их жизни?
- Как почувствовать себя лучшим родителем, чем раньше?

> *Американские подростки —*
> *не ходячая катастрофа, как их*
> *представляют СМИ.*

В этой книге мы рассмотрим эти и другие трудности, чтобы вы почувствовали себя уверенно, проходя вместе с дочерью через ее подростковый период.

Источник № 2: социальное сравнение

Разговоры о девочках-подростках со своими сверстниками — естественная и часто полезная деятельность. Разговор с другими родителями позволяет вам выпустить пар, почувствовать поддержку, обменяться полезной информацией. Если вы разговариваете с творческими, сочувствующими и оптимистичными людьми, то социальная поддержка будет отличной. Однако если разговор в поисках поддержки приводит к социальному сравнению,

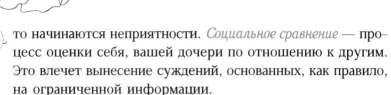

то начинаются неприятности. *Социальное сравнение* — процесс оценки себя, вашей дочери по отношению к другим. Это влечет вынесение суждений, основанных, как правило, на ограниченной информации.

Социальное сравнение может вызвать чувство неуверенности в себе как родителе. Или вы можете начать раздражаться на дочь из-за проблем, которые осложняют ее (и вашу) жизнь. В разговоре с другими родителями, или даже просто наблюдая за их *предполагаемыми* отношениями с дочерьми, вы легко можете попасть в ловушку сравнений и оценок себя или вашей дочери как «лучшей» или «худшей».

Как социальное сравнение влияет на подростков

Неважно, часто ли вы делаете социальные сравнения или нет, можете быть уверены, что ваша дочь «маринуется» в них все дни напролет. Ей сложно избежать этого в процессе развития. Девочки-подростки постоянно сравнивают себя с друзьями, врагами, моделями, актрисами и разными персонажами. У вашей дочери развивается понимание того, кем она является — или не является, — когда сравнивает себя с другими.

В действительности большая часть того, что кажется подростковыми сплетнями, на самом деле — анализ подростками других с целью понять, где их место. Когда наблюдения за другими кажутся в целом негативными, в действительности они пытаются выработать адекватное отношение к самим себе. Когда девочка постоянно отмечает только отрицательные черты других, фактически она пытается обрести эмоциональный комфорт. Она пытается почувствовать себя лучше, преувеличивая негативные качества других. Или она может чувствовать себя хуже, если сравнивает себя с идеализированными людьми, такими как знаменитости, модели или достигшие многого братья и сестры.

В любом случае девочки-подростки пытаются справиться с неуверенностью и своим несоответствием идеалу.

В своем классе ваша дочь знает, кто учится лучше нее, а кто хуже. У нее есть представления о том, чьи волосы красивее, а чья фигура привлекательнее. Можете представить, как влияет на самооценку вашей дочери пролистывание модного журнала или просмотр последнего реалити-шоу? Ее жизнь, друзья, волосы и тело не могут сравниться с красочной картинкой, представленной этими источниками. С другой стороны, если дочь соседей только что выгнали за кражу в магазине, вашей дочери захочется сообщить, как вам повезло с ней.

Вы не можете остановить непроизвольную привычку своей дочери сравнивать себя с другими — мы все так или иначе это делаем, но вы можете не подливать масла в огонь. Даже родители с совершенно благими намерениями делают ошибку, описывая ситуации, в которых сравнивают свою дочь не в ее пользу. Вы можете спросить ее, почему она не похожа на свою сестру, брата, соседа или на вас. Вы увидите, как сравнение вашей дочери-подростка с другими буквально взрывает бомбу внутри нее. Взорвется ли она перед вами или внутри себя — это одинаково болезненно и вредно. Это не станет положительной мотивацией к лучшему поведению и, что более опасно, может спровоцировать тревожное поведение и низкую самооценку вашей дочери. Редко или часто вы это делали, прямо сейчас простите себя и воздержитесь от подобных сравнений в будущем.

> *Ваша дочь обретает понимание того, кем является — или не является, — когда сравнивает себя с другими.*

Перенаправление мыслей

Вместо того чтобы заниматься социальным сравнением, направьте свои мысли в более позитивное и продуктивное русло. Когда вы начнете думать: *«Вау, соседский ребенок Пайпер уже водит машину. Почему моя Натали все это откладывает? В детстве мы все водили, как только достигали нужного возраста. Почему Натали не впереди всех?»* Вы можете остановиться и перенаправить свои мысли: *«Ой! Такие мысли почти заставили меня читать нотации Натали. Это ни к чему бы не привело. Как мне взглянуть на вещи более оптимистично? Хм... На детей оказывают много давления, чтобы они взрослели быстрее. Может, Натали нужно время, не стоит торопиться? Может, ей нравится ездить со мной? Лучше всего мы беседуем в машине. А может, ей страшно водить? Постараюсь узнать, какие у нее планы насчет вождения и как мне ее поддержать».*

Теперь, когда вы изменили свои мысли и отношение, вероятно, ваш подход и опыт разговора с дочерью станут более продуктивными.

Мама двух подростков делится своим опытом, связанным с социальным сравнением:

> Я выросла в семье, где любят соревноваться, и, когда мы встречаемся, все хвалятся своими детьми. Мой сын — одаренный атлет, так что все хотят слышать о его последних достижениях. Способности и качества моей дочери всегда были менее заметны, и потому людям сложнее их оценить. Хотя она веселая, добрая и общительная, дочь не интересуется спортом и не имеет высоких оценок. Вместо того чтобы вступать в соревновательную дискуссию с членами моей семьи, я нахожу иные способы занять себя или просто сижу и слушаю. Я не даю им втянуть меня в сравнение моей дочери с успешными детьми. Я напоминаю себе, что моя задача — помочь своей дочери понять, кто она и

как хочет расти. Она не мой личный проект, которым нужно управлять и всем показывать.

Это история одного папы о том, как сравнение его дочери с товарищами по команде почти привело к тому, что она бросила спорт:

Жена много раз говорила мне держать рот на замке после игры. Я не мог не сказать дочери, что она могла бы сделать лучше или кто играл лучше, а кто напортачил. Я думал, что помогаю ей быть лучшим игроком. А потом дочь захотела уйти из команды и боялась сказать мне. Жена винила меня за это. Я послушался совета и написал дочери записку, что, если она продолжит играть, я вообще не буду вмешиваться. Я пообещал давать ей только положительные отзывы или вообще никаких. Это хорошо сработало, и она до сих пор играет. Теперь жена больше довольна мной.

Когда в следующий раз поймаете себя на сравнении, помните, что в мире много родителей и подростков. Ваш анализ будет смотреться лучше или хуже в зависимости от того, с кем сравниваете, от вашего настроения и так далее. Так как люди — существа сложные, а сравнения основываются на ограниченной информации и поверхностных наблюдениях, то кажущееся желанным может таковым и не быть. С другой стороны, родители или дети, которые могут казаться ходячими катастрофами, часто имеют сильные стороны и качества, которых мы не замечаем. Как много раз мы осуждали людей, а потом узнавали, что ошибались?

Справляясь с пессимизмом и предубеждениями

Жизнь становится лучше, когда мы посвящаем себя выявлению и улучшению сильных сторон, как в девочках-подростках, так и в нас самих — тех, кто их поддерживает. Даже негативные ситуации с подростками имеют положительные элементы, и расширение позитивного более продуктивно, чем паника по поводу негативного.

Когда мы рассматриваем подростков с позитивной, оптимистичной точки зрения, они делятся с нами лучшим. Когда мы управляем ими в мелочах или выражаем отсутствие уверенности или подозрительность, они обижаются, защищаются или пускаются во все тяжкие. Наш подход должен поддерживать результат, который мы хотим видеть.

Наблюдали ли вы когда-нибудь за взрослым, может, учителем или тренером, который обладает благословенным даром общаться с девочками-подростками? Большая часть этих людей преуспевают в налаживании отношений, потому что они добры, готовы поддержать и принять. У них есть доброжелательность и оптимизм, который они передают девочкам-подросткам. Жаждущие света позитивного внимания взрослых к себе, ожиданий и взаимодействия, они в ответ делятся своим светом с людьми, пробуждающими в них лучшие качества. Даже если девочки-подростки часто кажутся незаинтересованными, ваше желание без страха проявить оптимистичную доброжелательность может дать значительные результаты. Альтернативой является погружение в тревогу и негатив.

Люди — это не проблемы

Когда люди погружаются в «проблему» ментально, волнение увеличивается, а родительские навыки слабеют. Даже когда с девочками-подростками бывает сложно, важно противостоять взгляду на них как на проблему. Люди не проблемы, проблемы — это проблемы. А трудности во время воспитания девочки-подростка, несомненно, возникнут. Столкнувшись с определенной проблемой, легко запаниковать и захотеть затоптать ее, как маленький пожар на ковре в гостиной. Реакция «затаптывания» в тот момент может показаться привлекательной, но она никогда не приведет к хорошим результатам. Что еще более серьезно, «затаптывание» вредит отношениям и мешает решению проблем.

Когда родители паникуют и сосредотачиваются на проблеме, их дочки-подростки чувствуют, что родители больше переживают из-за проблемы, чем из-за них. Это особенно справедливо в случае с такими легко решаемыми вопросами, как нарушение питания или случайное повреждение. Девочки хотят, чтобы родители в первую очередь видели в них людей, чтобы проявляли интерес, любопытство и заботу о том, что происходит, *даже* если подростку сложно об этом говорить. Когда подростки чувствуют в первую очередь любовь и лишь потом переживания из-за проблемы, они скорее будут готовы сотрудничать с родителями, чтобы с ней справиться. Таким образом, девочки-подростки и их родители становятся союзниками в решении проблемы. Попытайтесь думать в этом новом ключе и посмотрите на результаты:

Ваша дочь-подросток — не **проблема.** Когда ее поведение вас разочаровывает, злит или пугает до смерти, она все еще не проблема. Даже в очень плохой день она не проблема.

Вы — не **проблема.** Когда вы замечаете, как ужасно ведете себя с вашей дочкой, ребенком, которого собирались любить и лелеять всегда, вы — не проблема. Даже в худший день своего родительства вы все еще не проблема.

Проблемы или испытания — неизбежная часть воспитания ребенка. К счастью, это не всегда означает, что что-то ужасно неправильно. Часто это сигнал проявить внимание и подумать креативно. Тренируйте свой разум, пытаясь идентифицировать сильные моменты, окружающие проблему, или ресурсы, которые можно использовать для ее решения. Также отметьте позитивные намерения в поведении подростков, которые стали проблемными. Когда девочки чувствуют ваши попытки встать на их сторону и сторону их позитивных намерений, она допускают возникновение определенного уровня отношений, а не закрываются от вас.

Даже совершенно неуместное поведение содержит зерно добрых намерений. Например, когда девочка-подросток возвращается домой пьяной, это может быть экспериментированием с расставанием, риском и расширением социальных связей. Умение понимать и принимать такое рациональное зерно поможет вам справиться с поведением дочери, потому что она не будет чувствовать себя упавшей (в ваших глазах) из-за выбора, создавшего эту проблему. Даже если ее поведение неприемлемо, *она* сама *принята* вами.

> Ваша дочь-подросток —
> не проблема... вы — не проблема.

Если можете, готовьтесь, что проблемы и сложности будут возникать регулярно. Настройте ваши мысли на «да, проблемы будут». Вместо того чтобы испытывать шок и чувствовать, что вы поглощены проблемами, примите и ожидайте, что проблемы будут приходить и уходить. Поступая так, вы будете стоять на относительно стабильной почве, что бы ни происходило. С проблемами можно справляться намного продуктивнее, когда вы ожидаете в поведении дочери определенную степень беспорядочного и удивляющего вас.

Вот так разрушение пессимизма и предубеждений позволяет вашему мышлению продвигаться в направлении оптимизма и решения проблем.

Пессимизм	Оптимизм
Не могу поверить, что она со мной так разговаривает! Как могла я воспитать такую грубиянку?	Многое в ее поведении соответствует развитию. Вместо того чтобы обижаться, я буду отзываться на такое поведение.
Ее необязательность и безответственность — большая проблема!	Ей нужна поддержка в организации. Как мне помочь ей?
Ее эгоизм отталкивает! Как до этого дошло?	Подростки по природе своей сосредоточены на себе. Моя задача в том, чтобы расширить ее восприятие окружающих.
Я ей нужна только тогда, когда она чего-то хочет.	Она рассчитывает на меня в своих потребностях. Мы найдем способ сбалансировать зависимость и независимость.

Дополнительные подсказки для воспитания оптимизма

Сосредоточьтесь на оптимизме. Вот несколько подсказок вам в помощь.

Воспоминания. Держите ее детские фотографии у нее на виду. Расскажите ей какую-нибудь историю из детства или время от времени делитесь воспоминаниями. Это объединит вас обеих положительными чувствами к тому ребенку, которым она была. Достаньте ваши старые фотографии, которые вы некоторое время не видели, и поставьте их в каком-то неожиданном месте в вашем доме. Даже если дочь терроризировала вас всю неделю, вы все еще можете сказать: «Я помню твой период Русалочки. Ты везде носила костюм Ариэль. Даже когда очень творчески подходила к выбору одежды».

Используйте мягкий взгляд. В некоторых духовных практиках людей побуждают смотреть на других мягким взглядом. Это означает — смотреть на людей с любовью и состраданием, а не с раздражением и осуждением. Заметьте, как легко смотреть на подростков с осуждением, и вспомните: то, что они внешне демонстрируют, не всегда адекватно передает то, какими они являются на самом деле. Экспериментируйте один день (или всю жизнь), наблюдая за подростками (и всем человечеством) мягким взглядом.

Следите за своими высказываниями. Представьте, что ваши комментарии в адрес дочери представляют собой банковский депозит или снятие со счета. Депозиты — позитивные комментарии, в то время как снятие наличных — критикующие. Как выглядит ваш баланс? Снять слишком много — легко, так что помните: самая большая проблема частых комментариев по поводу того, что не получается, состоит в том, что они приводят к еще большему, а не меньшему негативу.

Используйте самоконтроль, чтобы на вашем счете был положительный остаток.

Практикуйте положительную оценку. Чаще говорите своей дочери, как вы счастливы, что у вас есть подросток. Когда она забавная, смейтесь вовсю. Когда она демонстрирует ум, воспользуйтесь моментом и порадуйтесь тому, как работает ее мышление. Наслаждайтесь тем, какая она, и выказывайте свое удовольствие (часто и щедро):

- Мне нравится, что ты у меня подросток! Ты превращаешься в удивительного человека, и мне приятно проводить с тобой время.
- Никто не смешит меня так, как ты. Ты всегда смотришь на вещи творчески. У тебя необычный, но прекрасный взгляд на вещи.
- Даже в трудные времена вы можете выразить оптимизм:
- Я знаю, что у нас был трудный день. Даже когда мы сталкиваемся лбами, я все равно люблю тебя.

«Привет, привет»: не ленитесь говорить «привет» и «пока». Многие подростки не придают значения основным социальным ритуалам. Их часто поглощают чувства и борьба, о которых мы мало знаем. Несмотря на настроение дочери, постарайтесь приветствовать ее с любовью и теплом. Даже самые задиристые из подростков признают, что им нужны эти проявления любви.

Следите за разговором. Если хотите, чтобы дочь говорила доброжелательным тоном или думала, прежде чем действовать, обратите внимание на вашу собственную манеру общения и поведение. Нужны строгий самоконтроль и самосознание, чтобы смоделировать те ценности, которые мы прививаем как родители. Например, подростки часто слышат, что сплетни — это неправильно и вредно, и тут же слышат, как сплетничают родители.

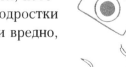

Предупреждение: ваша дочь-подросток сможет заметить лицемерие быстрее, чем гепард — упитанную антилопу гну.

Мы избавились от сформированного обществом негативного отношения к подросткам. Теперь давайте развивать ваши способности устанавливать позитивную связь с дочерью.

2

Экспресс-курс по установлению связи

В течение подросткового возраста дочери вы пройдете через многие изменения во взаимоотношениях в семье. Отношения, которые казались естественными и удовлетворительными, могут быть отброшены из-за настроения вашей дочери, ее расписания или нежелания общаться. Остановитесь на этом подольше, потому что самое важное, что вы можете дать дочери-подростку, — прочные отношения с вами. Даже если это и не будут сближающие вас моменты и душевные разговоры, в целом связь между вами, полная любви, поможет ее здоровому развитию, как ничто другое.

Вы можете заметить:

- Она все чаще находится в своей комнате с закрытой дверью.
- У нее бесконечное желание общаться с друзьями, но с вами она не согласится пойти в продуктовый магазин. Она скорее будет сидеть в машине и писать СМС.
- Мирные отношения могут превратиться в конфликт за одну секунду.
- Уровень ее активности может меняться от очень высокого (нет времени на вас и ваши просьбы) до полной инертности (вы боретесь с желанием проверить у нее пульс).

- Связь уже не такая, какой была. Она редко советуется с вами и раздражается, когда вы пытаетесь получить доступ к ее жизни.

Вы важны

Как бы вам иногда ни казалось, но ваша дочь-подросток хочет крепкой связи с вами и нуждается в ней. В 2007 году *Associated Press* и *MTV* взяли интервью у почти 1300 молодых людей в возрасте от 12 до 24 лет и узнали, что большинство подростков больше всего счастливы в семье и чаще чувствуют себя счастливее с родителями, чем с друзьями. Угадайте, кого большинство подростков записали как своих героев в том же «Исследовании счастья молодежи»? Родителей! (Associated Press–MTV.) Так что не важно, насколько сильно вас ранят ее колкие ответы, смотрите за пределы ее колючего отношения и помните, что в глобальном смысле вы важны.

> *Самое важное, что вы можете дать дочери-подростку, — это прочные отношения с вами.*

Вот еще хорошие новости. Опрос YMCA родителей и подростков «Разговоры с подростками», заказанный для конференции Белого дома по подросткам в 2000 году, выявил: 78 процентов подростков говорили, что в случае необходимости обращаются к родителям. Подростки в три раза чаще, чем родители, называли самой большей проблемой *недостаток времени, проводилого вместе* (YMCA 2000). Если вас удивляют эти открытия, вы в этом не одиноки. Подростковые годы детей могут заставить родителей усомниться в их собственной важности.

Тогда и теперь

Тесное общение с вашей дочерью, когда она была маленькой, было естественным и простым. Единственным испытанием было то, сколько раз вы могли сыграть в *Candy Land*, не сойдя с ума. Ваш любопытный компаньон со сверкающими глазами мог даже утомительные задания превратить в приключения. Дни начинались с объятий с вашей малышкой и заканчивались ее головкой, оставляющей влажный след на вашем плече. Даже при стрессе и крайней усталости многие родители испытывают в эти ранние годы ни на что не похожую близость и любовь.

Теперь она подросток. К счастью, трансформация происходила какое-то время, так что вы уже успели при необходимости ко многому приспособиться. Например, ей не нравится легкое похлопывание по попе, как было раньше, и вы не можете называть ее «пирожком» в присутствии ее друзей. Есть мгновения, когда она удивляет вас взрывом любви, за которым следуют минуты, когда ее сердитый взгляд заставляет задуматься, не выделяете ли вы какой-нибудь токсичный феромон, отталкивающий дочь. С грустью вы вспоминаете дни, когда она вся начинала светиться, лишь завидев вас.

Изменения повсюду, и вы можете быть в замешательстве от того, как на них реагировать. Ваш некогда жизнерадостный ребенок может быть мрачным и отдалившимся на семейных посиделках, которые ей так нравились раньше. Из королевы района она стала королевой уединения в комнате. Вы также столкнетесь с ее странными решениями, в которые вам так сложно поверить: «Действительно, милая? Ты лучше останешься в этом душном автомобиле, чем пойдешь в магазин со мной?» Да, очевидно, это так.

В некотором смысле ваша дочь полностью зависит от вас, но иногда она вас отталкивает. В то время как глубоко внутри она хранит вашу историческую связь, поддержание

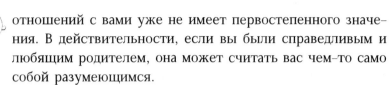

отношений с вами уже не имеет первостепенного значения. В действительности, если вы были справедливым и любящим родителем, она может считать вас чем-то само собой разумеющимся.

Верите или нет, но это комплимент вам.

Как и многие поколения подростков до нее, вашей дочерью движут две задачи развития: культивирование личности и получение независимости. Если и есть легкий, приятный способ научиться этим фундаментальным элементам взрослой жизни, то немногие родители стали этому свидетелями. Процесс жизненно важен, но не красив. Если вы примете, что дорога периодически будет ухабистой, это поможет вам перейти от паники к гибкому поведению. Лучшее понимание ее ежедневных стрессов поможет вам сохранять ее настроение.

День в ее жизни

У непостоянного настроения и поведения вашей дочери есть много причин. Чтобы лучше установить с ней связь, даже когда она выходит из-под контроля, давайте проживем с ней ее день.

На ее месте

День вашей дочери длинный и разнообразный. Она не просто «идет в школу». Она сталкивается с эмоциональными, социальными и учебными трудностями с того момента, как просыпается, до того, как ложится спать. Вам не нужно знать обо всех деталях — вы просто должны понимать ее борьбу в целом. Когда дочь пытается справиться с различными испытаниями, она пользуется навыками, которые напоминают неполную колоду карт. Каждый день она пролистывает ее в поисках нужной карты для решения опре-

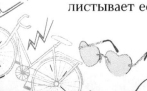

деленной проблемы: разговор с учителем, недопонимание с другом, ощущение, что ее отверг человек, к которому она испытывает нежные чувства. Часто она хватает неправильную карту, что не удивительно, поскольку в развитии ей не хватает полной колоды.

Так как привлекательность, потребность в принятии и «нормальность» — ключевые приоритеты девочек-подростков, чувство недостаточности неизбежно. Не удивительно, что она так легко раздражается, когда приходит домой.

Не важно, насколько жизнерадостны и дружелюбны вы в конце дня, ее энергия обрушивается, и вы — ее «зона обрушения». Она устала проектировать свой идеальный образ. Ее спокойствие исчерпано, и с вами она может быть собой. В лучшем случае она может быть тихой или безразличной. Некоторые девочки, чтобы расслабиться, уходят в свою комнату.

Другие ищут общения, хотя не обязательно приятным способом. При стрессе и чрезмерной требовательности подростки часто выплескивают раздражение на родителей или братьев и сестер, которые, конечно, чувствуют, что на них нападают. Ведет ли себя ваша дочь в «зоне обрушения» предсказуемо или смешивает типы поведения, помните, что вы, скорее всего, *самый важный человек в ее жизни.*

Развеивая миф
о неуважительном отношении

Так как ваша дочь — развивающийся взрослый с частично сформировавшимися стратегиями решения проблем, вы можете рассмотреть ее грубость в более продуктивном ключе. Тогда как некоторые ее стратегии могут быть искусными и правильными (наслаждайтесь этими моментами), другие, скорее, стоит назвать *«провалами в решении*

проблели». Большая часть ее грубого поведения — в действительности *неудачное решение проблелы.* Например, когда вы комментируете ее плохое отношение к брату или сестре, мокрое полотенце на полу или задание, которое она забыла выполнить, ваша дочь отвечает взрывом грубых слов, отсутствующим, смущенным или враждебным выражением лица или физическим и эмоциональным отдалением.

Упражнение «Поведение подростков, которое расценивается мной как неуважительное»

Подумайте, когда в последний раз вы чувствовали неуважительное отношение дочери. Перечислите виды поведения, которое расценивается вами как неуважительное.

_____

_____

_____

Дочь-подросток

Неуважение = кризис решения проблем

Когда вы чувствуете, что дочь к вам неуважительно относится, попробуйте этот новый способ взглянуть на ее поведение: неуважение равно кризису решения проблем. Поведение дочери, которое вы интерпретируете как неуважение, может оказаться проявлением ее нервозности. Она не может найти решение. Чтобы понять это, вспомните, когда в последний раз вы были грубы, неуважительны с кем-то. Насколько разумным, решительным, уверенным и способным чувствовали себя в тот момент? Скорее всего, вы были эмоционально перегружены или умственно и физически истощены. Перегрузка сказалась на ваших силах. Таким же образом различное давление является причиной срывов вашей дочери, так что полезно смотреть глубже. Ваше напоминание поднять полотенце может стать последней каплей. Дело не в том, что неспособность справиться

с проблемой извиняет грубое поведение, а в том, что эта неспособность *движет* грубым поведением. Грубость подростков часто абсолютно не связана с неуважением.

Как справляться с кризисом решения проблем: отдаление vs приближение

Если поведение вашей дочери отражает кризис решения проблем, *вы все равно можете реагировать на это*. Неспособность справиться с проблемами не является разрешением грубить. Но теперь, когда вы рассматриваете дочь как ребенка, переживающего кризис решения проблем, ваша *реакция* на ее поведение может быть более сочувственной, умелой и успешной. Избегание воинственного настроения поможет вам эффективнее общаться, и это не позволит ей воспринять ваше послание с гневом и раздражением.

> *Грубость подростка часто*
> *абсолютно не связана*
> *с неуважением.*

Когда вы действительно злитесь, поменяйте точку зрения, применив такой образ: представьте, что вы держите фотоаппарат. Гнев наводит фокус на «приближение», вы видите лишь несколько деталей большой картины. Например, вы близко смотрите на тот факт, что она опоздала, или оставила за собой беспорядок, или просто ужасно с вами обошлась. Так как при «приближении» вы не рассматриваете контекст, ваш гнев разгорается. Теперь, если вы переведете воображаемый фокус на «отдаление» (легче сказать, чем сделать), фокусировка смягчается, и поле зрения расширяется. Она опоздала, потому что задержалась на занятиях, оставила беспорядок, потому что проспала и вскоре собирается прибраться. Она взорвалась, потому что почувствовала, что вы ее критикуете, и в этот момент не могла найти лучшего решения. Опять-таки вы не признаёте такое поведение правильным. Вы снижаете степень конфликта и совершенствуете свой подход за счет рассмотрения более широкого контекста.

Ваш мозг может приближать и отдалять фокус. Способность делать и то и другое называется *когнитивной гибкостью*, и это очень полезный навык. Осознание того, что вы слишком «приблизили» фокус, позволяет вам выбрать «отдаление» и получить преимущество более широкого контекста. Контроль над своим дыханием и расслабление напряженных мышц помогают смягчить гнев и лучше справиться с вызовом.

Когда вы будете применять в воспитании вашего ребенка такой новый навык, как когнитивная гибкость, не отчаивайтесь, если для достижения положительного результата потребуется какое-то время. (Если вы родитель «трудной» тринадцатилетней девочки-подростка, это может занять годы.) Даже если в настоящий момент поведение дочери вас не устраивает, гордитесь, каким ярким примером того, как вести себя при стрессе, вы являетесь. Вы также культивируете доверие и вносите в ваши отношения доброжелательность.

Метеорология настроения девочки-подростка

Изменения в настроении также показывают, когда ваша дочь не может справиться с проблемой. Если вам трудно понять, как дочь может так быстро перейти от обращения к вам как *чрезвычайно важному* человеку до обращения как к *предмету сильного раздражения*, представьте ее настроение как погоду. Каждый день происходит много погодных изменений (изменений настроения). В некоторые дни (часы или даже минуты) погода переменчивая и нестабильная, а в другие — мягкая и даже приятная. Небо может стать из ясного голубого грозовым за время, необходимое для того, чтобы почистить зубы.

Если говорить о девочках-подростках, есть моменты, которые производят внезапные изменения в «погоде»: разочаровывающая оценка, воображаемая обида в школе, неожиданное появление прыщей, информация о том, что ее удалили из друзей в социальных сетях. Так как она может и не рассказать вам о причине (или может даже сама ее не осознавать), не вините ее сразу, как только видите быстрое, резкое изменение «погоды». Она борется с чем-то, что мешает ее способности нормально вести себя в этот момент. Стабилизация собственного эмоционального «погодного» поведения создает лучший климат-контроль.

Помните о врожденной добропорядочности

В ранние годы вы редко забывали о врожденной добропорядочности вашей дочери. Она излучала любовь и могла согреть ваше сердце, как никто до этого. Она излучала нежность и свет. Даже ее розыгрыши были милыми. Но в подростковом возрасте ваша вера в ее врожденную добропорядочность может пройти испытание. Иногда ее поведение так выводит вас из себя, что хочется оттолкнуть ее или наорать — вы можете вообразить, как сами сбежите из дома.

Когда поведение умелое, доброе и правильное, оно соответствует врожденной доброте, и люди чувствуют себя отлично. Если поведение неумелое, недоброе и неправильное, если оно не согласуется с врожденной добротой, люди чувствуют себя ужасно. Такое поведение не определяет человека. Даже чудесные, милые люди способны вести

себя ужасно. Это справедливо в отношении как родителей, так и подростков. Если вы проходите через ужасную ситуацию в воспитании, это не значит, что вы ужасный родитель или отвратительный человек. Это означает, что вы не в согласии с вашими ключевыми ценностями. Ни ваше поведение, ни поведение вашей дочери не определяет того, кем является каждый из вас в глубине души.

Воспоминание о своей дочери как о ребенке может помочь вам сохранить связь с ее врожденной добротой. Наполните ваш дом воспоминаниями: старые фотографии, поделки или кухонная прихватка, которую она сделала для вас в детском саду, напомнят о том, что ваша дочь — нечто большее, чем ее поведение в настоящий момент. Один из родителей поступил так.

Я приклеил фотографию дочери во втором классе на внутреннюю часть кухонного шкафа. Каждое утро, когда готовлю себе кофе, я вижу ее беззубую улыбку, адресованную мне. Немного больно видеть эту фотографию, потому что сейчас у меня действительно тяжелые отношения с дочерью. Я пытаюсь не принимать все ее поведение на свой счет. Как бы то ни было, когда я смотрю на эту фотографию, вспоминаю, какая она действительно в душе, и напоминаю себе, что это сложная фаза пройдет.

Приятные воспоминания помогут вам пробудить добрые чувства к дочери. Обращение к положительным чувствам полезно, потому что оно восстанавливает врожденную доброту — и вашу, и вашей дочери. Позитивные чувства наполнят вашу связь с дочерью, сохраняя ее потенциал. Девочки-подростки могут как не замечать, так и психологически подстраиваться к родительским чувствам, так что их корректировка может дать результат уже при следующем взаимодействии.

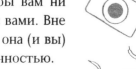

Упражнение «Возвращение позитивных чувств»

Чтобы придерживаться положительных чувств, запишите несколько воспоминаний о вашей дочери, которые заставляют вас улыбнуться.

Упражнение «Воспоминания о себе, которые создают позитивные чувства»

Учитывая, что воспитание девочек-подростков может негативно отразиться на вашем восприятии себя, полезно вспомнить о своих положительных воспоминаниях. Вдохните позитивные ощущения и позвольте им укрепить вашу решимость видеть и ощущать свою сердечную доброту. Запишите несколько воспоминаний.

Не сводите глаз с цели

К концу дня ваша дочь поэкспериментировала со множеством разных видов поведения и типов личности. Они приходят и уходят естественным образом, без особого вмешательства с вашей стороны. И хотя некоторые могут быть более желательными, чем другие, в любом случае вы хотите, чтобы ваша дочь знала, что ее высоко ценят и любят. Вы хотите, чтобы она поняла, что ваши отношения с ней важнее, чем ее поведение. Что бы вам ни казалось, ей необходимы прочные отношения с вами. Вне зависимости от ее поведения, вы хотите, чтобы она (и вы) сохраняла связь с ее врожденной добропорядочностью.

Если ваша дочь демонстрирует действительно опасное поведение, еще важнее помнить о ее врожденной добропорядочности. Многие родители так напуганы, расстроены или разгневаны поведением, связанным с риском, что наказывают своих детей-подростков, отрезая их от всех проявлений любви. Это очень опасное поведение другого типа, избегайте его любой ценой! Ваша дочь, когда так себя ведет, еще больше нуждается в вашей любви. Разберитесь с таким поведением, но не переставайте любить вашего ребенка. И помните, что большинство подростков преодолевают очень тяжелые времена и вновь обретают качества и врожденную добропорядочность, от которой отклонились.

Будьте пытливым исследователем поведения

Родители часто спрашивают меня: «Должен ли я не обращать внимания на неприемлемое поведение моего ребенка-подростка только потому, что оно соответствует развитию?» Ответ — нет. Когда ей было четыре года, для этого периода развития ей было свойственно бить и отталкивать, когда она злилась, но вы не принимали такое поведение, просто потому что это нормально для этого возраста. Нужно разобраться с неприемлемым поведением, не потеряв ее (или вашу) связь с врожденной добропорядочностью. Вы хотите показать, что такое поведение вас беспокоит и что вы все еще верите в нее и любите.

Если вместо того, чтобы потеряться в конфликте, вы изучите поведение, которое касается вас, то появится больше ресурсов, чтобы вместе с дочерью *справиться с* этой проблемой. Если же вы, наоборот, отдалитесь или будете беспощадно с ней бороться из-за ее поведения, то не справитесь с самой проблемой и навредите вашим отношениям. Если вы не встанете на ее сторону, проблема может усугубиться. Если ваши отношения нарушены, потому что конфликт подавляет наблюдение и разрывает связь, она научится скрывать свое поведение и не сможет воспринять вас как помощника.

Собирайте информацию

В зависимости от того, что у вашей дочери на уме, ваши нервы могут получить настоящую нагрузку. Вот что нужно делать: запишите свои чувства, поделитесь ими с друзьями, поплачьте, подышите, займитесь кикбоксингом/медитацией/йогой и прочитайте главу «Забота о себе ради психического здоровья». Воздерживайтесь от того, чтобы выплескивать свой страх и гнев на дочь.

Вместо того чтобы транслировать свой страх и гнев, займите позицию доброжелательности и заботы и спросите о беспокоящем вас поведении. *Девочки-подростки лучше отвечают на вопросы, чем на предположения.* В действительности, предполагая о них самое плохое, вы часто провоцируете их на худшее поведение, так как никто все равно лучшего от них не ожидает.

Дайте дочери понять, что вы заботитесь о ней и что направлять ее поведение — это часть вашей работы как родителя. Если она недостаточно открыта и вы не получаете всей нужной информации, не отчаивайтесь. Ваша дочь все равно поймет, что вы больше заботитесь о ней, чем о том, чтобы наказать ее. Ощущая вашу заботу, а не обвинения, она научится доверять вам как союзнику.

> *Ваша дочь, когда терпит неудачу,*
> *нуждается в вашей любви*
> *еще больше.*

Жизненно необходимая связь

В четвертой главе содержится много подсказок для эффективного общения. Однако, поскольку общение жизненно необходимо для вашей позитивной связи с дочерью, я коротко обращусь к этой теме и здесь.

Взаимовыгодные сценарии (win–win)

Вы можете улучшить вашу связь с дочерью-подростком благодаря взаимовыгодным сценариям. Сценарии с двумя победителями (win–win) позволяют и вам, и вашей дочери почувствовать себя победителями в разговоре, который дает хорошие результаты. Один или более таких элементов помогут вам создать взаимовыгодный сценарий для общения с дочерью:

1. Объективно и без эмоций опишите проблему.
2. Признайте намерение/цель подростка.
3. Обратитесь к ее врожденной добропорядочности.
4. Объясните, какое поведение предпочтительнее.

Подумайте о том, как вы можете включить эти элементы в разговор с дочерью. Их использование поможет открытому общению. Они учитывают как ваши, так и ее потребности и помогают вам вместе двигаться к решению проблем в поведении. Вот несколько примеров.

Находя баланс обязательств

- Ты всегда была такой хорошей и доброй подругой, и я хочу, чтобы у тебя было достаточно времени на общение. Нам нужно найти баланс между временем, которое ты проводишь с друзьями, и временем, проводимым с семьей.

- Я уважаю то, что ты столько времени посвящаешь школьным делам, но мне все же нужно, чтобы ты помыла посуду и вытерла столы.

Уважение и ответственность

- Я хочу дать тебе больше свободы. Ты любишь приключения, и мне это в тебе нравится. Когда я прошу тебя приходить домой вовремя, тебе нужно выполнить свою часть договора и позвонить, чтобы сказать, что все в порядке. Я знаю, что мы можем договориться так, что это устроит нас обеих.
- Мне нравится твоя непосредственность. Это одна из причин, почему с тобой так весело. Знаю, не всегда легко сообщать мне, когда твои планы меняются. Предложение: если хочешь свободы, тебе нужно мне написать.
- Я благодарен/благодарна тебе за аргументы по поводу того, почему я должен/должна с тобой согласиться. Мне нравится, как ты мыслишь, и я постараюсь говорить «да» так часто, как смогу. В этот раз, однако, ответ «нет». Сожалею, что разочаровала тебя.
- Я понимаю, что твоя комната — это твое пространство. Я хочу, чтобы у тебя было собственное пространство, и уважаю твою потребность побыть одной. Но мне нужно, чтобы ты не бросала одежду на пол. Мне не нравится покупать одежду, которая будет валяться на полу, и мне кажется, что убирать ее — значит проявлять уважение. Знаю, у других мам другие стандарты, но мой таков, и мне хотелось бы, чтобы ты со мной сотрудничала.

Люси Хеммен

Разбираемся с опасным поведением

- Думаю, что ты достаточно умна, и не хочу тебя обидеть, сказав следующее. Я знаю, что ты любишь своих друзей, доверяешь им и никогда не захочешь конфликтовать с ними. Однако если один из твоих друзей выпил и хочет сесть за руль, ты должна остановить его, даже если тебе придется задействовать других людей. Я хочу, чтобы ты позвонила мне или кому-то другому, кому доверяешь, но никогда, никогда не садись в машину с тем, кто выпил, даже если это взрослый.

- Риск — это часть подростковой жизни. Ты такой чудесный человек, и я люблю и обожаю тебя независимо от того, насколько сложна ситуация. Меня беспокоит, что ты рискуешь и подвергаешь свою жизнь опасности. Мне интересно, с чем ты сейчас разбираешься и что чувствуешь по этому поводу.

Забота о себе

- Я слышал, что ты не устаешь до полуночи. Ты становишься настолько ответственной, что я хочу дать тебе больше самостоятельности. Но если ты не будешь спать хотя бы девять часов, мне придется вмешаться и больше надоедать тебе по этому поводу. Продолжительность сна, рекомендуемая для твоего возраста, жизненно важна для твоего здоровья и учебы.

- Я знаю, что ты не фанат завтрака. Составь мне список того, что ты стала бы есть утром, и я сделаю все, что смогу, чтобы вместе разобраться с этим. Пропускать завтрак — не вариант, но выбор из множества возможностей — да.

Упражнение «Напишите взаимовыгодный сценарий»

Теперь создайте сценарий с двумя победителями для себя и вашей дочери, следуя четырем шагам, указанным ниже.

1. Объективно и без эмоций опишите проблему.

_____

_____

_____

2. Покажите, что поняли намерение/цель подростка.

_____

_____

_____

3. Обратитесь к ее врожденной добропорядочности.

_____

_____

4. Объясните, какое поведение необходимо.

_____

_____

_____

Помните, что ваша задача — поддерживать врожденную добропорядочность **вашей дочери** и подпитывать ваши отношения. Она может быть открытой и искренней или же может закрыться от вас. Вы можете контролировать только свою сторону отношений. Придерживайтесь вашей задачи и будьте самым лучшим родителем, какую бы роль она ни выбрала. Если она кажется упрямой и не готовой сотрудничать, все равно сейте семена, которые прорастут в ее будущем.

Важность незначительных моментов

Связь с вашей дочерью может проявляться в разнообразных маленьких ситуациях, происходящих за день или неделю. Если вы не проводите много времени вместе, не усердствуйте над этим. Думайте не так масштабно. Добавление всего нескольких, но приятных минут столь же важно, особенно если вы не отвлекаетесь и действительно участвуете в этот момент в разговоре. Вот несколько идей от реальных девочек-подростков:

- Папа делает мне вафли с утра, и он готовит их правильно. Потом, прежде чем уйти на работу, проводит со мной немного времени.
- Мама иногда пишет мне, чтобы пожелать удачи на контрольной.
- Мы вместе с папой смотрим футбол.
- Бабушка готовит мне горячий шоколад в подаренной ею кружке. Она установила правило, что никто, кроме меня, не пользуется этой кружкой.
- Мама иногда читает книгу в моей комнате, пока я делаю домашнее задание. Благодаря этому я чувствую себя менее изолированной и одинокой. Даже если мы обе занимаемся разными делами, мне нравится ее компания.

Упражнение «Мелочи, которые я буду использовать, чтобы установить связь с дочерью»

Теперь ваша очередь подумать о маленьких возможностях для установления связи с дочерью. Если не знаете, с чего начать, вспомните, что вы делали, когда она была маленькой, и подумайте, можете ли вы сделать это снова. Если, бывало, вы читали ей,

а сейчас она вся погружена в историю США, предложите прочитать ей пару страниц вслух.

_____

_____

_____

Еще несколько способов упрочить связь

Так как установка связи с вашей дочерью взаимно полезна, поищите способы упрочить связь с ней. Вот несколько дополнительных идей.

Поймайте пчелку на мед. Вы знаете свою реакцию на тон вашей дочери, выражение ее лица и настроение, но знаете ли вы, как она реагирует на вас? Уделите минуту, чтобы посмотреть на себя, свое поведение, тон, настроение и ваше общение с ее точки зрения. Некоторые родители замечают, насколько часто они повышают голос или заняты разными делами повседневной жизни. Другие начинают осознавать, как много времени проводят за экраном смартфона или компьютера.

Думайте как подросток. Вы повысите шансы установить связь, если овладеете способностью думать как подросток. Обратите внимание на то, когда ваша дочь открыта для установления связи. Вот несколько идей от реальных родителей:

- Я научилась понимать, когда моя дочь хочет пообщаться со мной. Однажды она хотела поделиться песней, которую скачала с компьютера, но я была занята и почти отмахнулась от нее. Потом я осознала, что это было приглашение! Я бросила свои занятия (это было действительно сложно) и послушала с ней песню. Это было всего пятиминутное общение, но именно это я учусь ценить и быть открытой для этого.

- К моей дочери легче всего подступиться поздно вечером, когда я почти измотана. Я нахожу повод зайти к ней в комнату, чтобы немного пообщаться перед сном. Она не очень разговорчива, но любит выпить чашку чая и обняться на ночь.

Воспользуйтесь непредвиденными возможностями. Если ваша дочь больна, обижена или чувствует себя неуютно и не в своей тарелке на каком-либо семейном празднике, постарайтесь тут же пообщаться с ней. Вы увидите, что она будет предельно откровенна с вами. Используйте чувство юмора и ее открытость. Вот несколько вариантов, которые подростки оценили:

- Когда я застряла дома с растяжением лодыжки, папа вытащил из кладовки мое старое лего. Я думала, что это смешно, но мне было так скучно, что я начала вместе с ним строить королевство. Мы так играли, когда я была маленькой.
- Каждый год моя семья организует большую семейную встречу. Я немного застенчива и начинаю сильно нервничать из-за всех объятий и бесед. Мама пытается спасти меня от некоторых родственников, и мы вместе проводим время и веселимся.

Избегайте случайных наказаний. Когда моя старшая дочь-подросток выходит из комнаты, у меня часто появляется желание напомнить ей, что нужно вынести мусор. Упс! Какой вывод она из этого делает? Что ей лучше оставаться в комнате! Чтобы избежать наказания девочек, мы можем оставлять на их двери записки с напоминанием о том, что нужно сделать. Когда они выходят из своего личного пространства, мы можем постараться сделать их опыт позитивным.

Теперь, когда у вас есть отличные идеи о том, как упрочить связь с дочерью, следует сделать поворот и

проверить вашу связь с собственным здоровьем. Не только девочки-подростки проходят изменения в развитии. Чтобы чувствовать себя как можно лучше, делая все возможное и необходимое, вы должны вдохнуть жизнь в собственное здоровье и благополучие.

3.

Забота о себе ради психического здоровья

Если вы похожи на большинство родителей, то чем более трудные времена переживает ваша дочь, тем сложнее вам. Известна поговорка: «Родители могут быть лишь настолько счастливы, насколько счастлив их самый несчастный ребенок». Если вам кажется, что вы слишком заняты, чтобы позаботиться о себе, то уделите особое внимание этой главе и упражнениям, призванным стимулировать вас позаботиться о себе. Маленькие изменения могут привести к большим результатам во всех аспектах вашей жизни.

Вы можете заметить:

- Вы чувствуете себя измотанной/измотанным большую часть времени.
- Вы ждете похода к стоматологу раз в полгода как возможности прилечь и расслабиться.
- Вы сомневаетесь в своем настроении и памяти чаще, чем раньше.
- Просмотр телепрограмм для вас — лучшая попытка позаботиться о себе.
- Вы не можете вспомнить, когда в последний раз действительно заботились о себе. Подозреваете, что это связано с неправильным питанием.
- Вы слишком часто говорите себе: «Просто сейчас я слишком занят/занята».
- Вы думаете, что возродите вашу дружбу и доверительные отношения, когда «все немного успокоится».

Здоровое разделение

Очень часто родителей гнетут переживания, связанные с воспитанием девочек-подростков. Когда мы не уделяем времени тому, чтобы заботиться о своем здоровье, дружеских отношениях, интересах, мы рискуем эмоционально свалиться в жизнь наших дочерей. Некоторые родители говорят:

- Моя дочь так напряжена. Когда у нее плохое настроение, я чувствую себя ее заложницей.
- Мое сердце разрывается, когда я вижу переживания дочери. Мне сложно отделить свое настроение от ее.
- Настроение моей дочери влияет на всю семью. Мне не нравится, как сильно она влияет на настроение нашей семьи.

Частью заботы о себе является развитие чувства здорового отделения, необходимого для определения границ собственной свободы. Когда вы заботитесь о собственной жизни, то чувствуете себя менее эмоционально зависимыми от настроения вашей дочери. Вы ведете себя как якорь, тогда как она будет лодкой, раскачивающейся в штормящем море. Вместо того чтобы кататься по палубе, вы чувствуете, что крепко стоите на земле. Как якорь, вы находитесь отдельно, но связаны с ней.

Некоторые родители не ощущают себя якорем, они чувствуют, что совсем не способны удерживать лодку. Если вы тоже это чувствуете, можете быть уверены, что к тому времени, когда вы прочтете эту книгу, у вас будут навыки и информация, необходимые для укрепления здоровой связи во всех ваших отношениях. Многие факторы провоцируют разрыв связи и отдаление в семьях: конфликты, развод, травмы, потери, пристрастия и психические заболевания. Даже без подобных

Дочь-подросток

факторов многие родители чувствуют себя обиженными и забытыми, когда их дочки-подростки больше времени проводят с друзьями и меньше с семьей. Не зацикливаясь на раздражении, обвинениях, стыде или сожалениях, постарайтесь создать более здоровую связь в своей жизни. Начните со сбалансированной заботы о себе, которая, в свою очередь, приведет к улучшению отношений с вашей дочерью.

> *Когда вы заботитесь*
> *о собственной жизни,*
> *то чувствуете себя менее*
> *эмоционально зависимыми*
> *от настроения вашей дочери.*

Влияние вашего ребенка-подростка на вас и как с этим справляться

Вы, скорее всего, заметили, что ваша дочь не одна на американских горках. При изучении более двухсот подростков и их семей ученые выявили, что родители сталкиваются с большими изменениями в своей жизни, когда их дети достигают возраста половой зрелости (Steinberg and Steinberg 1994). Оказывается, что кризис среднего возраста меньше связан с возрастом взрослого, чем с возрастом старшего ребенка в семье. Вступление ребенка в период юношества провоцирует наступление кризиса среднего возраста у родителей. Удовлетворенность в браке в этот период достигает самого низкого уровня. С другой стороны, пары, которые остаются вместе, сообщают о росте удовлетворенности в браке, когда их ребенок успешно минует подростковый возраст. Исследование Стейнберга показывает, что независимо от того, состоят родители

в браке или нет, их счастье влияет на взаимодействие с детьми-подростками.

Забота о себе помогает вам лучше противостоять стрессу, связанному с подростковым возрастом вашего ребенка. Она также уменьшает вашу подверженность таким моментам у родителей, о которых лучше не говорить.

«Похмелье плохого родителя»

Давайте признаем: нелегко быть родителем девочки-подростка, и у нас у всех есть моменты, которыми мы не гордимся. Мой личный опыт матери двух девочек-подростков и частная практика привели меня к открытию «похмелья плохого родителя» — болезненным эмоциональным последствиям, которые остаются после родительского срыва.

Некоторые родители орут, другие плачут, третьи слетают с катушек. Определяющая черта — нехватка эмоционального контроля. Занятые родители, которым не хватает здорового баланса, больше всего рискуют импульсивно отреагировать на вызов. Вместо того чтобы умело ответить, мы реагируем, отдаваясь усталости, обидам, нетерпеливости или враждебности.

Тогда как многое находится вне родительского контроля — погода, экономика, настроение вашей дочери, то забота о себе — нет. У вас есть возможность начать и сохранять практику должной заботы о себе, которая принесет пользу *всем*. Забота о себе — необходимость, а не роскошь. Она дает вам энергию быть самым счастливым и успешным человеком и родителем.

Изменяя сцену

Многие родители могут легко заметить регулярные факторы стресса, которые превращают хороший день в плохой фильм. Для вас и вашей дочери это может быть утро перед школой, когда уровень стресса высокий, а времени мало. Или это время выполнения домашнего задания, или ужасных мгновений перед тем, как вы говорите дочери: «Нет, ты не должна этого делать». В эти моменты легко попасть в напряженную ситуацию, которой вы предпочли бы избежать. Попробуйте воспользоваться техникой «Изменение сцены», чтобы переписать их. Упражнение ниже покажет вам, как это сделать.

Упражнение «Изменение сцены»

Найдите для себя несколько минут и тихое место. Уделите время каждому этапу. Глубоко дышите и вспомните как можно больше деталей.

1. Представьте одну из ситуаций, которая провоцирует стресс.
2. Вместо вашей обычной реакции представьте, что вы ощущаете себя спокойной и деятельной.
3. Представьте, что вы произносите умные, четкие и конструктивные слова. Что бы вы сказали?
4. Как можно более подробно представьте, что вы ощущаете, произносите и реагируете именно так, как хотели бы. Чем ярче вы представите эти позитивные изменения и почувствуете их, тем скорее ваш мозг создаст нервные пути и связи, чтобы помочь вам актуализировать в «настоящей жизни» то, что вы мысленно отрепетировали.

Когда вы в следующий раз столкнетесь с одной из ситуаций, вызывающих стресс, глубоко вздохните и вспомните вашу переписанную сцену. Если ваша дочь будет играть по другому сценарию, помните, что вы можете контролировать только себя, и придерживайтесь своей роли.

Переписывая инвентарь

Мы все кривимся, когда думаем о плохих моментах жизни родителя. Меня они особенно смущают, если учитывать мое погружение в тему развития девочек-подростков. Когда мы растим наших девочек-подростков, большинство из нас испытывают мгновения, которые не хотели бы записывать на смартфон и выставлять на YouTube! Чтобы создать равновесие, мы также должны создавать и признавать существование в жизни родителя *хороших* моментов. Упражнение ниже поможет вам поразмыслить над этими моментами. Как и девочки-подростки, мы, родители, можем быть самыми лучшими, когда генерируем и сохраняем свои позитивные чувства относительно нас самих.

Упражнение «Инвентарь хорошего родителя»

Составьте краткую опись того, что, по вашему убеждению, вы как родитель делаете хорошо. Отметьте важные пункты и менее значительные, скромные попытки. Если вы успешно помогаете дочери вовремя справляться с различными заданиями, запишите это. Если у вас хорошо получается поддерживать дочь, в то же время позволяя ей делать ошибки, отметьте и это. Если у вас есть дар настраиваться на ее чувства, запишите это. Напомните себе, что все ваши попытки — это проявление любви, которое принесет пользу вам и вашей дочери.

Мои сильные стороны:

_____

_____

_____

Вы — колодец

Представьте, что вы колодец. Чем больше воды в колодце, тем больше у вас энергии и личностных ресурсов, чтобы отвечать на требования жизни. Когда ваша забота о себе сильна и последовательна, вы наполняете колодец энергией и личностными ресурсами, которые поднимают ваше настроение и жизненную силу. Вы думаете более гибко, творчески и рационально. Вы встречаете испытания с хорошим настроем и терпением.

Разве не логично, что наблюдение за тем, как вы справляетесь со стрессом и уделяете время себе самому, является лучшим способом научить дочь справляться со стрессом и заботиться о себе? Вы не просто родитель подростка — вы для нее пример взрослого человека. Когда вы показываете пример, девочки-подростки обращают на это внимание. Они часто пропускают то, что вы *говорите*, но впитывают многое из того, *как* вы проживаете жизнь.

Слишком часто родители непреднамеренно показывают жизнь так, словно это полный отстой. В то время как дети ноют по поводу домашнего задания, данных им поручений, братьев и сестер и других раздражителей, взрослые часто ноют из-за транспорта, неоплаченных счетов и неуменьшающегося беспорядка, который приходится бесконечно убирать. Подростки видят, что быть взрослым вовсе не весело. Они сомневаются в наличии смысла во всей этой суете. Они думают: «Я все это делаю, только чтобы стать нервным, оплачивающим счета и убирающим мусор ворчуном? Зачем!»

> *Заботясь о себе, вы показываете своей дочери (и напоминаете себе), что жизнь может быть радостной.*

Говорят девочки-подростки:

- Мама начала ходить на уроки сальсы. Она возвращается счастливая и танцует дома.
- Мой папа каждую среду вечером ходит на медитацию. Это сделало его намного спокойнее и добродушнее. Мы хотим, чтобы он чаще туда ходил!
- Мой папа был безработным больше года, и его депрессия делала всех в семье несчастными. Потом он вместе с соседом увлекся горным велосипедом, и это улучшило жизнь всех нас.

Если вы делаете приоритетом свое счастье и постоянный рост, меняетесь и вы, и ваша дочь. Вы больше наслаждаетесь своей жизнью, а она видит, что быть взрослым здорово. Когда вы впишете себя в список важных и необходимых дел, вы почувствуете подъем энергии и настроения, который распространится на все сферы жизни.

Начинаем

Чем вы можете заняться, чтобы больше заботиться о себе? Есть ли какая-то деятельность, которая интересовала вас раньше? Йога? Гончарное дело? Искусство? Горный велосипед? Поход в горы? Медитация? Книжный клуб? Уроки фортепиано? Боевые искусства?

Говорят родители:

- Мне всегда было интересно, когда я видел людей, катающихся на каяках.
- Я много слышала о пользе медитации, и мне было интересно пойти на занятия или купить диск.
- Я всегда хотела пойти на рисование, но так этого и не сделала.

Упражнение «Новая деятельность, которую я хотел бы попробовать»

Подумайте о деятельности, которой вы хотели бы попробовать заняться, чтобы больше заботиться о себе, и запишите ниже.

Упражнение «Возвращение к прошлой деятельности»

Если вам трудно придумать новый привлекательный вид деятельности, попробуйте вспомнить что-то из прошлого. Например, если вам нравилось плавание, игра на музыкальном инструменте или туризм, занятие этой деятельностью будет похоже на возвращение домой. Просто будьте терпеливы, пока снова не войдете во вкус. Запишите некоторые виды деятельности, которые вы хотели бы вспомнить.

Если у вас есть мотивация заняться одним или несколькими видами деятельности прямо сейчас, начинайте. Если нет, не будьте строги к себе. Разогрейтесь не торопясь, делая мелкие шажки.

Мелкие шажки к психическому здоровью

Если переход к действиям пугает, думайте о малом, так как маленькие попытки дают импульс. Чтобы начать, проанализируйте свою заинтересованность и поищите информацию об имеющихся возможностях. Посмотрите, какие возможности предоставляют городские парки, места

для отдыха. В результате вы можете вступить с кем-то в беседу о какой-либо деятельности, и это создаст еще больший импульс.

Затем определите принципы планирования вашей деятельности. Что вы можете убрать из своего расписания, чтобы освободить место для заботы о себе? (Этот шаг может показаться очень сложным, потому что все кажется очень важным.) Внесите вашу деятельность себе в календарь и относитесь к ней с таким же уважением, как к другим задачам.

Теперь воодушевитесь своим планом. Убедитесь, что у вас есть то, что необходимо. Поделитесь своим энтузиазмом с людьми, которые уже занимаются этой деятельностью. Наконец, просто приходите! Мы можем думать о том, что нужно делать, а что нет, пока рак на горе не свистнет. В конце концов, самое важное — прийти. Когда родители наконец это делают, они говорят что-то похожее на «Не верю, что я так долго ждал, прежде чем это сделать!» и «Как я без этого жил?» Люди никогда не жалеют, после того как правильно позаботились о себе.

Подсказка. Если ваше расписание перегружено, говорите «нет» новым заданиям, только если они не являются проявлением заботы о себе или чем-то очень важным. Отрицательный ответ защищает вас от выгорания и дает возможность сказать себе «да».

Сделайте микрошаг прямо сейчас

Запишите несколько ваших идей насчет заботы о себе на листок бумаги и повесьте его на холодильник. Пусть ваша семья знает, что вы стремитесь заботиться о себе. Попросите их поддержать вас и дайте им понять, что улучшение вашего здоровья и счастья полезно и для них. У этого задания три главных преимущества:

- Это делает вас ответственным. Вы каждый день видите список и вспоминаете о своем задании.

- Это обеспечивает вам поддержку. Вы вовлекли других людей, которые будут спрашивать о ваших интересах. Совет: прямо отвечайте на все попытки поддразнить вас, четко заявляя, что вам нужна или поддержка, или молчание.
- Это повлияет на здоровье и остальных членов семьи. Они могут последовать вашему примеру.

Когда у вас появится привычка заботиться о себе, семейная жизнь станет приятной для всех.

Родители делятся своими микрошагами

Небольшие усилия на пути к заботе о себе могут быть жизненно важны во время стресса:

- Когда моя дочь проходила через действительно страшный период экспериментов и протеста, я многим пожертвовала, чтобы быть готовой к новому кризису. Я научилась работать над стрессом, практикуя дыхательные техники и желая себе добра. Даже такие незначительные вещи, как прием ванны или приготовление здоровой вкусной еды могут стать ключом к борьбе со стрессом.
- У нас в последнее время финансовые проблемы. Я снимаю стресс, работая во дворе дома. Уход за растениями позволяет мне расслабиться и ничего не стоит. Это помогает забыть о волнениях, а красивый двор дает мне ощущение выполненной работы.
- Когда я чувствую себя выгоревшим, обычно забываю все те мелочи, которые помогают чувствовать себя лучше. Включить музыку, позвонить друзьям и прогуляться по кварталу — все это имеет значение.

Упражнение «Не стоит усложнять»

Назовите несколько маленьких шагов, которые вы можете предпринять, чтобы справиться с тяжелыми временами:

_____

_____

_____

Избегание псевдозаботы о себе

Если вы чувствуете, что невозможны даже мелкие шажки, вероятно, вы подвержены псевдозаботе о себе. Такое поведение сначала _кажется_ восстанавливающим или расслабляющим, потому что часто дает ощущение удовольствия или облегчения. Со временем псевдозабота станет угрожать здоровью, вместо того, чтобы его улучшать. Для подобного поведения характерны следующие признаки:

- слишком большие траты;
- любовные романы на стороне или неуместные отношения;
- употребление наркотиков или чрезмерное употребление медикаментов;
- чрезмерное употребление алкоголя;
- переедание.

Помните, что _притупляющее поведение не является заботливым_. Заботливое поведение помогает вашему здоровью и благосостоянию. Притупляющее поведение создает дополнительные проблемы и в результате более сильный стресс.

Если вам свойствен один из упомянутых типов поведения, найдите группу поддержки и/или обратитесь за консультацией к психотерапевту, чтобы получить инди-

Дочь-подросток

видуальную поддержку. Вы стоите потраченного времени и энергии. По большому счету вы хотите заменить псевдозаботу здоровой заботой о себе. Здоровая забота о себе помогает вам чувствовать себя хорошо, не нанося при этом вреда телу, сердцу, финансам или любимым людям.

Как найти терапевта

Многие люди спрашивают у знакомых или выбирают терапевта по совету друга, члена семьи или после разговора с коллегой об их опыте общения с одним из специалистов. Другие связываются с церковью или ищут службу психологического здоровья в интернете или в телефонном справочнике своего региона. Если услуги по поддержанию психологического здоровья входят в вашу страховку, узнайте, какие врачи одобрены и какая оплата обеспечивается.

Когда вы сделаете выбор и поговорите с врачом, после одного-двух занятий поймете, подходит ли вам этот терапевт. Помните, *что вы — клиент*. Не бойтесь пойти к другому терапевту, если вам кажется, что первый не подходит.

Сохраняйте колодец наполненным

Теперь, когда вы доливаете воду в колодец с помощью новых навыков заботы о себе, вы захотите избежать ненужных протечек и стоков. Чтобы избегать протечек с вашими дочерьми-подростками, найдите способ любить и поддерживать их, не срываясь на гнев, страх, боль или смятение. Для вашего родительского навыка, а также благосостояния жизненно важно научиться правильно дистанцироваться от настроения и поведения вашей дочери.

В трудные моменты, чем больше вы эмоционально напряжены или же теряете контроль, тем больше вы заняты проблемой, а не ее решением. Как вы знаете, это все лишь ухудшает ситуацию. Позаботьтесь о себе и своем эмоциональном состоянии, чтобы переориентироваться на решение проблемы.

Развитие подростка создает стресс для родителей

Знали ли вы, что сводить вас с ума — часть здорового развития вашей дочери? Когда она огрызается на вас, избегает или спорит с вами, критикует и дразнит вас, смеется над вами или игнорирует, взрывается или стирает в порошок ваши нервы любым другим способом, она работает над двумя жизненно важными задачами развития: получением независимости и развитием личности. Мы слегка коснулись этой темы во второй главе, но теперь давайте рассмотрим ее глубже, потому что понимание поможет вам заботиться о себе, пока вы воспитываете свою дочь.

Задача подростков № 1: получение независимости

Вашей дочери необходимо оттолкнуть вас и быть менее близкой к вам. Да, вы можете быть важной стабилизирующей силой для нее. Нет, она не очень-то заинтересована в вас, ваших чувствах или жизни. Она в основном не задумывается о своем влиянии на вас. И когда вы ощущаете необходимость поделиться чувствами, можете встретить полное отсутствие энтузиазма. Иногда она может «быть готова» поделиться, установить контакт, сделать комплимент или покритиковать, но по большей части ее внимание сосредоточено на другом.

Если статус родителя был главным источником вашей идентичности и самооценки, потребность дочери отдалиться от вас будет невероятно болезненной. Поэтому очень важно, чтобы вы серьезно восприняли главу, посвященную заботе о себе, и вложили энергию в свою жизнь и личное развитие. Если вы будете сопротивляться, хвататься за дочь, чтобы сохранить свое самоопределение как родителя, вы лишь увидите, как она отшатнется от вас.

Когда дочь отстраняется от вас, она не ведет себя жестоко. Это ее здоровая, естественная реакция, соответствующая возрасту. Если ваша дочь не отдаляется, а пытается удовлетворить вашу потребность в ней, она может пожертвовать своим здоровым развитием. Она может больше заботиться о ваших нуждах, чем о своих, и это имеет свою цену. Принятие на себя роли того, кто эмоционально заботится о родителе, требует жертвы от девочки-подростка, которая должна развивать ощущение себя самой как человека, существующего отдельно от мамы и папы. Хотя такая динамика может быть и в отношениях «отец — дочь», это более свойственно для матери и дочери.

> *Вы знали, что сводить вас с ума — часть здорового развития вашей дочери?*

Что же в итоге? Девочки-подростки не хотят быть эмоциональными стражами своих родителей. Они не хотят отвечать на наши эмоциональные потребности, чтобы мы чувствовали себя хорошо и уютно. Они не хотят давать советы по поводу того, с кем встречаться родителям или как им справляться с личными проблемами. Ими двигает биологический позыв быть самостоятельными, необходимый для того, чтобы стать взрослыми. Теперь, когда ваша

дочь — подросток, здоровое, эффективное воспитание включает в себя разрешение ей меньше нуждаться в вас. Обычно, когда ваша дочь в целом нуждается в вас меньше, это прерывается приступами отчаянной потребности (или требования) в вашей помощи и внимании: «Па-а-ап!!! Я забыла книгу в школе, и теперь я получу два за домашнюю работу, и ты должен помочь мне!»

Когда вы учитесь быть доступным, одновременно отпуская ее, вы наслаждаетесь результатом: она не станет воспринимать вас как нуждающегося в ней человека, у которого нет своей жизни. Когда вы поддерживаете ее процесс отдаления, а также развиваете себя и собственную жизнь, ей интересно и эмоционально комфортно вернуться к общению с вами.

Задача подростка № 2: развитие личности

Прошли годы с тех пор, как ваша дочь заявляла, что выйдет за вас замуж, когда вырастет. Теперь она отрицает, что когда-либо клялась жить с вами вечно. Как ее детское самосознание основывалось на близости и *схожести* с вами, так и ее подростковая личность включает в себя отдаление от вас (и некоторых ваших ценностей) в сторону культуры своих сверстников. Ей нужно соответствовать своему социальному кругу, чтобы создать свою личность.

От «звезды» ее мира вы становитесь помехой на ее празднике. Как она может создать свою уникальную личность, если похожа на вас? Ее подначивание, игнорирование и перечисление ваших многочисленных недостатков помогают ей увидеть, что она отличается от вас, потому что (очевидно) вы часто неуклюжи, неловки и, в общем, смешны. Вместо того чтобы принимать ее поведение близко к сердцу, рассматривайте это как ее необходимость уменьшить вашу ценность, чтобы она казалась себе более взрослой и независимой. Когда ей было два года, она ходила, говоря: «Нет!» и «Мое!», и вы могли хихикать, зная, что она работает над границами, силой и определением себя как отдельного существа. И знаете что? Теперь перед вами тот же сценарий, только без подгузников.

Когда вы воздерживаетесь от того, чтобы принимать поведение дочери на свой счет, берегитесь произносить такие фразы, как «Если и с друзьями обращаешься так же, как со мной, у тебя их не будет!» Нет пользы от таких выпадов — они формируют низкое самообладание, а вам надо его сохранить для особенно плохих дней! Если у вашей дочери нет больших социальных проблем, она определенно лучше общается с друзьями, что типично для данной стадии развития. Если вы будете помнить основные задачи ее развития, вы сможете наблюдать за ее поведением, не становясь жертвой. Это также контроль «протечек» и для вас.

Еще подсказки, как сохранять воду в колодце

Чем больше способов вы разработаете для «сохранения воды в колодце», тем лучше вы себя будете чувствовать и тем эффективнее будете действовать как родитель. Вот еще несколько подсказок.

Больше отвечайте, меньше реагируйте. Ответ основан на эмоциональном контроле. Когда вы отвечаете, концентрируйтесь на настоящей проблеме, а не на вспышке сильного чувства. Реакция — быстрая, импульсивная и эмоционально заряженная. Чтобы выбрать ответ, необходимо взять паузу, сделать вдох, здраво поразмыслить и обратиться к существующей проблеме.

Сканируйте свое тело. Стресс обычно остается в вашем теле. Люди различаются тем, как проявляются у

них его физические симптомы. Когда вы переживаете стрессовую ситуацию, поработайте со своим телом, чтобы уменьшить ее воздействие.

Выработайте привычку мысленно сканировать свое тело, чтобы найти и расслабить напряженные мышцы.

- Вы сжимаете челюсти? Если это так, отметьте, когда вы это делаете, и расслабьте челюсть и мимические мышцы, смягчите выражение лица.
- Вы сводите плечи? Если так, расслабьте их и мягко разверните.
- Потрясите или расслабьте те части тела, мышцы которых напряжены и сокращаются.

Потратьте время на то, чтобы определить реакции своего тела на стресс. Работа с телом во время стресса помогает произвести положительные изменения, которые поддержат вас в более эффективном решении проблемы.

Следите за дыханием. После того как вы выполнили сканирование тела, сосредоточьтесь на дыхании. Сделайте глубокий вдох, вдыхая медленно и равномерно, считая до шести. Потом медленно выдохните, также считая до шести. Продолжайте делать эти медленные вдохи и выдохи в течение двух минут. Вы заметите быстрое и резкое снижение уровня стресса. Честно, облегчение может стать таким легким! Я могу много рассказывать о снижении уровня кортизона и всякой другой пользе от осознанного дыхания. Но сейчас лучше пропустим это, пока вы не попробуете сами?

В этом случае дыхание — это вера. Выработайте привычку практиковать осознанное дыхание на протяжении всего дня. Привяжите его к тому, чем вы уже занимаетесь — к вождению машины, разгрузке посудомоечной машины или поливу газона, — чтобы не забывать. Вы не

только уменьшите уровень стресса, но и заметите, что чувствуете себя спокойнее во время этих занятий.

Сохраняйте чувство юмора. Смех помогает сохранять уровень «воды в вашем колодце». К счастью, у многих девушек в подростковом возрасте потрясающие способности к юмору. Развитие новых клеток мозга вместе со свежим взглядом на жизнь могут сделать вашу дочь безумно веселой. Наслаждайтесь в полной мере ее уникальным восприятием и позвольте ее творческой натуре вдохновлять и развлекать вас. Дайте ей понять, что считаете ее забавной.

Вы уже на пути к тому, чтобы лучше заботиться о себе. Чтение этой главы, я надеюсь, пробудило идеи, которые вы сможете воплотить в свою повседневную жизнь. Просто помните, что забота о себе необходима и улучшает вашу способность создавать любовь и доброту в каждом аспекте вашей жизни. Как ваш сад, домашние животные, клиенты и семья нуждаются в вашей любви и внимании, чтобы процветать, так и вы нуждаетесь в ней!

Сделайте что-нибудь для себя прямо сейчас.

4.

Разговоры с подростками

Чтобы общаться с девочками-подростками, необходимо бесстрашие. Утомленные, невнимательные девочки-подростки с постоянно меняющимся настроением дают такое соотношение удачных и неудачных разговоров, которое пугает даже самых разговорчивых родителей. Родители и другие взрослые признают, что чувствуют себя неловко и неуверенно, стараясь успешно вовлечь девочек-подростков в разговор, и это удерживает их от таких попыток. С одной стороны, родители хотят ощутить связь с детьми, поддержать их и послушать о жизни дочери. С другой стороны, они опасаются отказа и неадекватности. Так как родители предпочитают избегать подобных эмоций, то они часто соглашаются на самые короткие разговоры с дочерьми-подростками.

Вы можете заметить:

- Ваша дочь-подросток прекращает совершенно нормальный разговор, даже если все идет хорошо. То, как быстро она может вернуться от молчания к беседе и намекнуть, что теперь разговор ОКОНЧЕН, сбивает с толку.

- Она спорит с вами, часто. Даже простые разговоры быстро становятся напряженными.

- Она предпочитает участвовать в общении преимущественно короткими фразами.

- Разговор с вами часто происходит в форме ее микрокомментариев относительно ваших качеств (по большей части недостатков), о которых вы даже не знали.
- Она обвиняет вас в том, что вы повторяетесь, объясняете слишком много раз, надоедаете, однако, если вы этого не делаете, мусорное ведро переполнено, собака голодная, а рюкзак дочери валяется на диване.

Разговаривать с вами — важно

Верите вы в это или нет, но разговаривать с вами очень важно для вашей дочери. Это может удивить вас, как и писательницу Мими До, которая взяла интервью у тысячи пятисот подростков и спросила: «Что бы вы хотели, чтобы ваши родители делали по-другому?» Большая часть подростков ответили, что им хотелось бы, чтобы родители чаще к ним прислушивались. Они не сказали, что хотели бы от родителей готовых решений или советов, они просто хотели быть услышанными и чтобы их уважали (Doe 2004). Мы, родители, должны помнить, насколько мы важны, особенно в свете таких разговоров:

Вы: Что ты планируешь на вечер?
Ваша дочь: О, я пока еще не уверена.
Вы: Ты будешь ужинать дома?
Ваша дочь (уходя): Э-э... да, может быть. Думаю, да...
Вы (следуете за ней): Ты упомянула, что приведешь подруг ночевать. Это все еще в силе?
Ваша дочь: Э-э... ну Джейд может прийти... когда выполнит мамино поручение... но у Эммы репетиции, а Миранда мне все еще не написала.
Вы: Так когда, по-твоему, ты будешь знать?

Ваша дочь: МАМА! УСПОКОЙСЯ! ЧТО, ВСЕ ДОЛЖНО БЫТЬ СПЛАНИРОВАНО? НЕ ЗНАЮ! НЕ ЗАДАВАЙ МНЕ БОЛЬШЕ ВОПРОСОВ!

Когда случается такой разговор, может быть трудно вспомнить ключевой момент: ваша дочь хочет говорить и быть услышанной вами. Вы ее самый важный «*слушатель*». Может быть, особенно сложно справиться с этой ролью, когда разговоры с ней начинаются внезапно и так же внезапно могут и закончиться, и только от нее это зависит. У нее это не упоение властью, а, скорее, признак неспособности справиться со стрессом в разговоре с вами. Девочки-подростки могут почувствовать давление в наших самых разумных вопросах и оценку в самых добродушных комментариях. Часто они не осознают, что «заткнули» нас на середине фразы, так что, когда «отключение» разговора кажется нам резким, они поглощены инстинктивной попыткой уменьшить внутренний стресс. Родители, скорее, случайная жертва, а не намеченная цель.

Эффективное общение

Чтобы переступить черту раздражения и страха, прежде всего смиритесь с тем, что девочки-подростки не всегда будут вступать в разговор по вашему приглашению. Классический пример: вы забираете дочь из школы. Когда вы встречаете ее веселым: «Привет, милая, как прошел твой день?», ваша дочь-подросток может ответить мрачным ворчанием и/или неохотно брошенным односложным словом. Это достаточно типично, так что боритесь с желанием обидеться или прокомментировать: «Почему ты даже не разговариваешь со мной?» или «Кто-то ворчун сегодня...» Хотя это соблазнительно, но такие действия только усилят отдаление. Вместо этого попробуйте сказать: «Вижу, что

после долгого дня тебе нужно время, чтобы расслабиться» или «Давай поедем домой, где ты сможешь немного отдохнуть». Потому отложите вопросы на потом и путешествуйте в тишине или с музыкой.

Тишина помогает девочкам-подросткам, находящимся большую часть времени в состоянии чрезмерного напряжения, восстановиться. Ваша способность терпеливо отнестись и помолчать указывает, что вы настроены на потребности дочери, а это усиливает вашу связь, даже когда вы не разговариваете.

Эмоциональная подстройка

Эмоциональная подстройка означает приведение вашего эмоционального настроя в соответствие с эмоциональным пространством вашей дочери. Этот процесс включает понимание сигналов, свидетельствующих о ее эмоциональном состоянии, и подстройку вашей личной энергии к тому, чтобы дополнить ее эмоциональный опыт и не мешать ему. Например, если она утомлена, ваша энергия должна быть мягкой и нетребовательной. Если она расстроена и готова к разговору, ваша энергия может быть восприимчивой и внимательной. Если она тревожится и подавлена, ваша энергия должна быть спокойной и ободряющей.

Когда родители не очень заняты или рассеянны, эта подстройка происходит естественно и интуитивно. К несчастью, большинство родителей также подвержены давлению, и это означает, что эмоциональную подстройку сложнее осуществить. Это значит, что вам придется попрактиковаться в избавлении от собственного стресса, чтобы мягко сфокусироваться на дочери. Понять, как она выглядит и как говорит. Вы можете узнать от нее подробности о том, как у нее дела, или же, чтобы подстроиться, придется положиться на свое умение на-

блюдать и интуицию. Не нужно держать высокий уровень сонастроенности часами, но если дочь может стать для вас особым приоритетом в важные моменты, вы оба перейдете к другим обязанностям, ощущая себя лучше и упрочив вашу связь.

Чтобы эмоционально подстроиться к своей дочери, вам не обязательно чувствовать то, что чувствует она. Вам не нужно исправлять это, оценивать, бороться, упрощать или остро реагировать. На самом деле, чтобы эмоционально настроиться на дочь, вам нужно сопротивляться всему этому. Вместо этого вы *открываете и смягчаете* свои разум и сердце, что создает состояние эмоциональной сонастройки. Способность осуществлять эмоциональную подстройку означает, что ваш личный настрой позволяет, что бы ни происходило с вашей дочерью в данный момент, давать ей ощущение, что вы связаны с ней и заботитесь о ней.

Ощущение того, что тебя чувствуют

Как сказала одна девочка-подросток: «Мне не нужны советы родителей. Я просто хочу, чтобы они, типа, поняли это». Когда вы предлагаете своей дочери эмоциональную сонастройку, она чувствует себя менее одинокой в царстве своих чувств и переживаний, потому что, хотя вы даже не всегда знаете всех неприятных подробностей, она ощущает, что вы *чувствуете* ее. Ощущение того, что тебя чувствуют, возникает в мире тонкого взаимодействия. Оно может складываться из маленьких нюансов, а не из значительных действий. Это кивок, когда она злится. Доступность, но не чрезмерная близость. Это значит — слушать, но не судить или вставлять в разговор все ваши гениальные мысли. Это — значит иметь любящую, но легкую и тактичную связь с ней, основанную на энергии настоящего момента.

Знание, что кто-то *чувствует* тебя (понимает, любит и принимает) могущественно, оно исцеляет и утешает. Девочки-подростки нуждаются в том, чтобы их утешали! Их жизнь действительно полна напряжения и множества испытаний. Когда вы везете дочь из пункта А в пункт В, в молчании слушая все, что у нее лежит на сердце, но проявляя при этом принятие ее жизненного пути, вы делаете ей один из лучших подарков. Большее значение имеет не то, что вы делаете для нее, а то, насколько вы готовы *быть* с ней.

> *Девочки-подростки, которые чувствуют понимание со стороны значимых для них взрослых, обычно намного лучше справляются с трудностями, чем девочки, которым не хватает такого ощущения.*

Вот несколько идей подстройки, которыми поделились родители.

- Я стараюсь как можно больше участвовать, когда она планирует свой день. Я скорее склонна управлять, чем эмоционально участвовать. Я трачу так много времени, чтобы держать ее на верном пути, что упускаю эмоциональную составляющую.
- Я позволяю ей быть молчаливой и раздражительной, если это не направлено на меня. У меня уже были с этим неприятности, и это никогда ни к чему хорошему не приводит. Она остается такой же раздражительной, только к тому же это заканчивается ссорой.
- Жена говорит мне, что дочери избегают разговоров со мной, потому что я читаю нотации. Я постараюсь

больше слушать и меньше говорить.

Немного поразмышляйте о том, как вы можете улучшить эмоциональную подстройку к вашей дочери. Упражнение ниже поможет вам.

Упражнение «Улучшение эмоциональной подстройки»

Что поможет вам лучше осуществлять эмоциональную подстройку к дочери? Прежде всего определите, кто или что мешает вам лучше настроиться на ее лад. Например, одна из родителей сказала: «Другие мои дети и слишком много работы!»

Что мешает вашей настройке?

_____

_____

Подумав о том, как она могла бы более эмоционально подстроиться к дочери, та же мама сказала: «Мне каждый день хоть немного нужно быть с дочерью наедине, чтобы я могла уделять ей все свое внимание. Я добьюсь этого, искренне и мягко фокусируясь на ней и на всем том, чем она хочет поделиться».

Запишите некоторые способы, которые помогут вам улучшить сонастройку.

_____

_____

Самоконтроль

Переменчивое настроение девочек-подростков может создавать трудности. Если у вас сильный самоконтроль и есть надежные способы справляться с проблемами, вы

сможете удержаться от того, чтобы сорваться на дочь. В трудные моменты сделайте глубокий вдох, прежде чем *ответить*, но не *реагировать*. Будьте тактичны. Напоминайте себе, что вам не нужно ничего менять в эмоциональном состоянии дочери. Вам просто нужно быть рядом— спокойным и заботливым.

Способность контролировать себя при стрессе — важный компонент здоровой самооценки, а это то, чего мы все хотим для своих дочерей. Самые сложные уроки мы усваиваем на примерах, так что применение самоконтроля — лучший способ обучить этому и поддержать самооценку. В те мгновения, когда вы теряете самообладание и кричите или заходите слишком далеко в своем реагировании, быстро «сотрите» это, извинившись перед дочерью и признав ошибку. Люди, которые умеют вовремя и правильно извиниться, сталкиваются с меньшим количеством конфликтов в жизни, так что это еще один важный навык, которому можно научить вашу дочь. Когда она станет взрослой, они помогут ей быть успешной в отношениях.

Руководство для хорошей беседы

Вот главное, что нужно делать, когда вы разговариваете со своим подростком: освободите разум от своих родительских мнений, суждений, страхов и планов. Доктор Дэниел Сигел, соруководитель Центра осознанности Университета Калифорнии, Лос-Анджелес, автор книги «Осознанный разум» (*Mindful Brain*), предлагает акроним COAL: любопытный (curious), открытый (open), принимающий (accepting) и любящий (loving) (2007).

Ведущий исследователь в сфере, называемой межличностной нейробиологией, Сигел представляет убедительное исследование мозга, где доказывает существенную

необходимость для родителей развивать способность переживать *резонансную осознанность*, что означает открытую и полную концентрацию исключительно на том, что происходит в данный момент (Siegel 2007). В то время как родители спешат этим воспользоваться, создание настоящей резонансной осознанности в ваших отношениях потребует сильной любви и самоконтроля. Со временем она заменит ваш предыдущий стиль, в большей степени основанный на реакции и в меньшей — на осознанности, и покажется очень легкой, естественной и приносящей удовлетворение.

Красота COAL

Как психолог, я люблю прокручивать в голове слова «любопытный», «открытый» и «принимающий», когда слушаю клиентов. Никто не может решить проблемы человека за него. Лучшее, что любой из нас может сделать, — это создать состояние «существования», которое дает эмоциональную безопасность и связь, а они, в свою очередь, порождают атмосферу, способствующую творческому мышлению и оптимистическому сотрудничеству. Слова «любопытный», «открытый», «принимающий» и «любящий» работают как ментальный раствор, который может нам всем помочь достичь эмоциональной сонастройки и резонансной осознанности.

Когда вы смотрите на свою дочь через такую призму, то даете ей больше, чем совет. Вы даете ей эмоциональную связь и ощущение безопасности, когда она открывается вам. Вы можете не соглашаться с тем, что и как она говорит. Ваше решение не судить и не читать нотаций создает среду взаимоотношений, которая помогает ей чаще открываться вам. Вы даже сможете иногда забросить одну или две свои мысли.

> *Умение выслушать связано
> с расслабленным телом,
> правильным дыханием и
> физической открытостью.*

Топ-10 подсказок к разговорам

Это один из самых ценных моментов. По какой-то неизвестной причине ваша дочь начинает разговаривать с вами. Она не только говорит, но и делится! Удивительно, что слова, предложения, абзацы прямо текут из нее. Цените эти моменты и облегчите их, помня о следующих подсказках.

1. НЕ прерывайте ее. Когда у нее есть настроение поговорить, ее несет поток. Если вы прервете ее вопросом или комментарием, момент может исчезнуть так же быстро, как и появился. Вам не нужно становиться немым. Просто помните о том, что нужно создать открытое пространство, чтобы она продолжала говорить.

Покажите созвучие ваших эмоций, используя язык тела. Проявите свое полное внимание. Задавайте короткие вопросы, которые помогут ей больше рассказать по этой теме. Более полезно само говорение (а не выслушивание ваших мыслей), так что помогите ей выплеснуть свои чувства, поддерживая ее и поощряя больше говорить.

Быстро просканируйте напряжение в своих мышцах. Если ваше тело напряжено, вы с большей вероятностью прервете поток разговора. Если она говорит о чем-то, что вас провоцирует, особенно внимательно контролируйте свои эмоции! Умение выслушать связано с расслабленным телом, правильным дыханием и физической открытостью.

2. НЕ выглядите слишком заинтересованными. Если вы будете казаться слишком заинтересованными, она может решить, что вы вторгаетесь в ее жизнь, и почувствует необходимость отстраниться. Время от времени прерывайте зрительный контакт, чтобы случайно не пересечь невидимую линию, отделяющую интерес от вмешательства. Это может сбивать с толку, потому что, если у вас две дочери или больше, невидимые границы каждой из них будут проходить в разных местах. Одна дочь может делиться с вами достаточно спокойно, в то время как у другой легко вызвать тревогу. Еще больше сбивает с толку то, что она же может сегодня замолчать, а на следующий день согласится выслушать и ответить на несколько ваших вопросов.

Сохраняйте заинтересованное, но в то же время расслабленное выражение лица. Баланс между заинтересованностью и вмешательством может быть очень неустойчивым. Если вы занятой родитель, у которого мало времени на разговоры с подростком, скорее всего, она жаждет более прочных отношений. Если вы много работаете, у вас мало времени или же по характеру или воспитанию вы предпочитаете одиночество, вам придется активизировать свой интерес.

Продвигайтесь осторожно и наблюдайте за сигналами дочери о том, насколько успешно вы это делаете. Большинство подростков легко дадут вам понять, когда нужно отступить.

3. НЕ поучайте. Это трудно, но правда — не надо. Окружающие чему-то учат вашу дочь ежеминутно. Она перегружена этим! Если она ворчит о том, что вызывает у нее стресс, сопротивляйтесь стремлению решить проблему. Просто сочувствующе кивните. Ваше нежелательное предложение скорее будет ее раздражать.

Выразите уверенность в ее способности разобраться в том, то ей необходимо: «Я уверена, что ты справишься с этим».

Мягко спросите, нужно ли ей услышать вашу точку зрения или идеи. (Думайте о бабочке, а не о бульдоге.) Если она говорит «нет», отступитесь.

Попробуйте организовать «обучающие моменты». Если ваша дочь играет в волейбол, попросите показать вам, как правильно подавать мяч. Если ей нравится искусство, задайте ей вопросы, которые помогут расширить ваши познания. Если она увлечена аниме, попросите показать вам персонажей и рассказать о них. Когда вы становитесь ее учеником, то даете ей передышку от поглощения информации и возможность лучше представить вас своему миру.

4. НЕ вмешивайте ее друзей. Когда группа девочек собирается у кого-то дома или в автомобиле, разговоры о личном льются рекой. Иногда другие девушки начнут рассказывать вам о дочери или разрешат вступить в оживленный разговор, тогда как ваша дочь будет неловко хмуриться. (Хотя это звучит жестоко, но это большая удача, что девочки-подростки часто готовы делиться личными подробностями с чужими мамами, когда своей нет рядом.) Соблазнительно рискнуть и пообщаться с друзьями дочери больше, чем с ней самой.

Чувствуйте себя польщенной из-за проявления доверия и легкости, с которой они разговаривают в вашем присутствии.

Держите дистанцию, а не становитесь «одной из девочек».

Удерживайтесь от соблазнов, или ваша дочь рассердится и на друзей: «Не могу ПОВЕРИТЬ, что вы рассказали это маме обо мне!», и на вас.

5. НЕ ассоциируйте себя с дочерью слишком сильно. Если вы когда-либо считали дочь мини-собой, избавьтесь от этого навсегда. Если вы обратите ее внимание на то, как она похожа на вас, ей может быть неприятно, и она отстранится. Девочки-подростки стараются отделиться, и хотя у родителей всегда самые добрые намерения, для подростков в процессе развития естественны попытки избежать отождествления с родителями.

Поддерживайте ненавязчивое внимание к ней. Слушайте, что она говорит и что чувствует. Уважайте это и помните, что она совершенно отдельный от вас человек.

Переходите к тому, чтобы слушать не только разумом, но и сердцем.

Помните о COAL (любопытный, открытый, принимающий и любящий).

6. НЕ перестарайтесь в отражении ее эмоций по поводу того, что она рассказывает. Если дочь спровоцирует вас на сильную реакцию или выражение чрезмерного любопытства, восхищения или заботы, она почувствует, что все испортила, поделившись этим, и закроется. Девочки-подростки хотят разговаривать со взрослыми, но часто сопротивляются этому, потому что не хотят их волновать, чувствовать осуждение или терять свободу.

Дайте дочери понять, что вы чувствуете ее и хотите поддержать, даже если содержание разговора с ней беспокоит вас. Сделайте так, чтобы ее эмоциональные переживания стали центром разговора.

Нужно дать ей понять, что вы вернетесь к этому позже: «Милая, я рада, что ты поделилась этим со мной. Пусть все уляжется, и потом можешь сказать, чем я могу поддержать тебя. Мы вместе подумаем над вариантами».

7. НЕ обсуждайте ее личную информацию с другими людьми. Даже если вы делитесь нейтральной информацией, многие девушки воспринимают это как вторжение

в их жизнь и стесняются, когда родители обсуждают их с другими взрослыми. Сейчас она ощущает себя более взрослой, и ей нужно сохранить что-то в секрете. Она может разозлиться, если услышит, что вы рассказываете о ней сестре или подруге. К несчастью, некоторые девочки не дают родителям второго шанса после того, как конфиденциальность была нарушена.

Представьте, как вы кладете информацию на очень высокую полку, до которой не можете добраться без лестницы.

8. НЕ преуменьшайте важности того, что она говорит, даже если думаете, что она преувеличивает. Вместо того чтобы высказывать мнение по поводу содержания, отметьте аспекты ее рассказа, которые кажутся ей важными.

Обращайте внимание на детали и пытайтесь их запомнить. Когда тема снова всплывет, дочь расценит то, что вы помните детали, как доказательство вашей любви и признание ее значимости.

Избегайте «надевать участливое лицо», слушая то, что она говорит (например, «Это тоже пройдет», «Все через это проходили», «Могло быть хуже»). Она может почувствовать себя оскорбленной, потому что ее значимость умаляют. Вместо этого скажите: «Да, понимаю» или «Это действительно неприятно».

Попробуйте говорить на ее языке. Когда она описывает что-то как неловкое, используйте те же слова и откажитесь от попыток заменить, например словом «унизительный», которое не соответствует тому, что она пытается передать.

9. НЕ переходите «на сторону победителя». Если она делится беспокоящей ее проблемой, которая касается отношений или чего-то другого, боритесь с желанием критиковать человека или ситуацию: «Да, я всегда думала, что она была капризной». Когда вы встаете «на сторону победителя», она может пойти на попятную или отказаться от собственного мнения, чтобы управлять вашим восприятием. Она будет беспокоиться, что ее жалобы могут создать в вашей голове стереотип, который негативно повлияет на нее. Изучать что-то сложное или болезненное менее безопасно, когда и вы присоединяетесь к этому.

Сосредоточьтесь на участии в рассмотрении ее проблемы. Попробуйте говорить такие фразы: «Что ты чувствовала?», «Кажется, это действительно сложная ситуация» или «На что ты надеешься?» Если проблема станет легче для нее, пусть она станет такой же и для вас. Не застревайте на том месте, о котором она давно забыла.

10. НЕ делайте поспешных выводов и не думайте негативно. Подростки часто жалуются на то, что при попытке чем-то поделиться с родителями разговор выходит из-под их контроля. Его начинает подросток, но в конце он оказывается под контролем родителя. Одна девочка пожаловалась, что когда рассказывает маме о классном парне в школе, мама перехватывает инициативу, задавая слишком много вопросов, в том числе о характере мальчика и употреблении наркотиков, из-за чего дочь чувствует себя оскорбленной и обиженной. Дочь отвечает на это клятвами, что будет бороться с желанием поделиться с мамой чем-либо еще. Она обижается и злится из-за того, что мама так слабо верит в ее способность принимать правильные решения.

Вселяйте оптимизм и уверенность всегда, когда это возможно. Даже если ваша дочь кажется сбитой с толку или принимает неправильные решения, дайте ей знать, что верите в ее способность найти решение или поправить дела.

Говорят подростки

Вот что девочки-подростки говорят о том, что им помогает в разговоре со взрослыми:

- Хотя я веду себя, как стерва, я действительно хочу, чтобы мама была рядом. Я хочу поговорить, но не знаю, что сказать. Это такое облегчение, когда мама терпелива со мной и помогает мне начать разговор или просто дружелюбно ведет себя, хотя я этого действительно не заслуживаю.

- Мне нравится, когда взрослые что-то помнят обо мне. Мне кажется, что они действительно пытаются пойти дальше обычного «Как дела в школе?»

- Я НЕНАВИЖУ разговоры утром, когда папа особенно любит поговорить. После многих плохих разговоров по утрам мы поняли, что ему кажется, будто я неуважительно к нему отношусь. Он даже сказал, что я в депрессии, но я, правда, просто ненавижу утро! Может, родители должны выяснить, что не нравится их дочерям, и пытаться не забывать об этом.

- Мне нравится, когда взрослые способствуют тому, чтобы с ними было легко разговаривать, а не говорят, какая я высокая стала и всё продолжают говорить, как я выросла. То есть как я должна отвечать? Это смущает!

Ключевой момент здесь в том, что девочки-подростки отвечают на открытый, дружественный стиль общения. Если при общении с подростками вы сможете выйти из своих ощущений социальной неполноценности или настороженности по отношению к ним и продемонстрируете открытость и сердечность, они станут воспринимать вас как человека, с которым безопасно говорить. Если за этим и не последует удивительной беседы, знайте, что вы все равно оказали влияние, которое может подействовать при следующем общении или позже.

Еще несколько подсказок
для еще более сложных разговоров

Вести разговоры с девочками-подростками может быть очень сложно и в лучшие времена. Сложность возрастает, когда вам приходится иметь дело с трудной темой. Вот несколько подсказок.

Выберите время. Дайте себе время, особенно когда собираетесь поговорить с дочерью на щекотливую тему. Вместо того чтобы быстро и эмоционально входить в разговор, поставьте свой внутренний счетчик на COAL: «любопытный», «открытый», «принимающий» и «любящий». Также дайте время и своей дочери. Дайте ей понять, что хотели бы с ней поговорить, и предложите ей несколько минут, чтобы закончить то, чем она занимается: «Милая, мне нужно, чтобы ты выключила компьютер и немного поговорила со мной».

Выберите место. Спросите дочь, где она хотела бы встретиться или выберите удобную и уединенную комнату: «Мы можем пойти в мою комнату, или предложи другое место, которое предпочитаешь».

Начните с хорошего. Успокойте ее и покажите пример, как подходить к трудным разговорам с положительной стороны: «О некоторых вещах трудно говорить, но этого нельзя избежать. Хочу, чтобы у нас получился продуктивный разговор. Я не собираюсь ругать тебя или наказывать. Я просто хочу поговорить с тобой, выслушать и понять твою точку зрения. Главное то, что я люблю тебя, даже если мы не соглашаемся или мне не всегда нравится твой выбор».

Подбирайте слова. Управляя интонацией и силой голоса, выберите слова, которые снизят защитную реакцию вашей дочери. Во многих случаях нейтральное описание волнующей темы служит хорошим началом для трудного

разговора. Например: «Мама Коллетт звонила и сказала, что вчера вечером вы выпивали у них дома».

Сила внимания. В других случаях использование слов «Я заметила...» может помочь вам поговорить на щепетильную тему, и при этом не будет казаться, что вы обвиняете или осуждаете. Например: «Я заметила изменения в твоем питании» или «Я заметила, что ты выглядела нетрезвой, когда вернулась домой вчера ночью».

Передайте слово дочери. Как только вы сделали краткий комментарий, дайте возможность говорить дочери, предложив дополнить информацию. Например: «Что ты думаешь по этому поводу?» или «Я бы хотел/хотела услышать от тебя, что случилось».

Не забывайте спокойно слушать. Слушайте вашу дочь, не усугубляя эмоциональной напряженности. Если она защищается или злится, напомните, что вы на ее стороне, а не против нее. Напомните, что заботитесь о ней. Если она поделится волнующей вас информацией, дайте понять, что цените ее открытость и что вы подумаете над услышанным. Может быть, вам понадобится помощь других людей или нужно что-то проверить, чтобы решить, стоит ли предпринимать активные действия.

Задавайте больше полезных вопросов. Когда вы предлагаете помощь, спросите, что она чувствует по поводу этой ситуации, как вы можете ее поддержать и как она может справиться с ситуацией в следующий раз.

Не пытайтесь добиться полной правды. Когда вопросы и ответы ведут к удачному разговору, дочь может поделиться полезной и точной информацией. В то же время она может сказать лишь часть правды, а то и солгать. Подростки не могут всегда быть честными в разговоре с родителями, и обычно бесполезно вытягивать из них всю правду. Эта нечестность не означает, что она станет патологической лгуньей.

Если вы будете заботиться больше о ней, чем о ее полной искренности, вы получите результат даже при отсутствии полной правды.

Подумайте о том, чтобы отложить проблему на 24 часа. Если вы «поймали» дочь на дурных замыслах или поведении, основу для конструктивного разговора вы можете заложить, отложив его на сутки. Скажите, что вы хотите поговорить об этой ситуации через 24 часа, чтобы у нее было время успокоиться, отойти и быть искренней, насколько это возможно.

Теперь вы знаете, как общаться не только со своим ребенком, но и с подростками в целом. Разговоры с подростками часто удивительны и поучительны. Когда они чувствуют себя комфортно, могут многое рассказать! Ваши новые навыки также пригодятся, когда вы будете разбираться со способами поддержать здоровье вашей дочери.

Если вы будете заботиться больше о ней, чем о ее полной искренности, вы получите результат даже при отсутствии полной правды.

5.

Есть, спать, двигаться: как поддержать здоровье вашей дочери

Тело вашей дочери с головы до ног претерпевает огромные изменения. Некоторые из них кажутся чудесными девочкам-подросткам, а другие — по-настоящему травмирующими. Неожиданно быстрое увеличение веса, например, естественно и обычно, но оно может заставить девочку почувствовать себя неуютно в собственном теле. Также типичны проблемы со сном. Девочки-подростки получают прилив новых сил как раз тогда, когда им нужно отправляться в кровать. Дополнительным препятствием для девочек и их родителей являются попытки включить физические упражнения в их плотный график. Умелым руководством вы поможете дочери справиться с этой и другими проблемами, чтобы добиться и поддерживать здоровье на оптимальном уровне.

Вы можете заметить:

- Ваша дочь больше заботится о внешности, чем о здоровье. Она может час биться над своей прической, но забывает позавтракать.
- Она устала, но страстно рвется вечером гулять. Две проблемы не связаны в ее мозге.
- Она критично относится к своим размеру и весу. Или не связывает выбор еды и физические упражнения с хорошим самочувствием и уверенностью в своем здоровье, или, наоборот, слишком сосре-

доточена на ограничениях в еде и физических упражнениях.

- Она жалуется на головную боль, проблемы с кожей, ощущает себя толстой. Она больше уповает на быстрые решения или фармацевтические препараты, чем на систематические занятия, которые дают долгосрочные результаты.

Установление взаимосвязи

Девочки-подростки не склонны связывать свои ежедневные решения с внешним видом, чувствами и действиями. Они не видят проблем в планировании ночевки перед турниром по футболу. Если есть беспокоящие их симптомы — прыщи ли это, нерастянутые сухожилия, аллергические реакции или головная боль, — они не связывают отсутствие улучшений с несоблюдением предписаний врача. Девочки-подростки могут жаловаться, что они слишком толстые, худые, что они устают, переживают слишком много стрессов, однако забывают об остальном: водных процедурах, физических упражнениях, правильном питании и других способах позаботиться о себе.

Однажды ваша дочь сделает обдуманный выбор, который даст желаемый результат, и будет избегать того, что ассоциируется с нежелательными результатами. Ваша постоянно уставшая девочка может скорректировать свое обычное вечернее расписание, чтобы больше поспать и на следующий день чувствовать себя лучше. Ваша девочка, переживающая стресс, может пойти на пробежку или прогулку, чтобы меньше тревожиться во время выпускных экзаменов. В конце концов девочки-подростки поймут взаимосвязь. А до того момента им необходима поддержка родителей. Насколько хорошо дочь примет вашу поддержку, зависит от вашего подхода.

> *Помните, что уязвимость вашей дочери перед критикой (реальной или воображаемой) в подростковые годы очень высока.*

Защищая вестника и весть

Вы пытались помочь своей дочери со здоровьем и безопасным выбором, а в ответ получили эффект вестника, казненного за плохое известие? На этой стадии развития девочки-подростки легко воспринимают родительское вмешательство как необоснованное или критическое. Когда они чувствуют, что к ним придираются или счет не в их пользу, эмоции мешают их самоконтролю и провоцируют ответную словесную реакцию. Во время особенно жарких обсуждений важно помнить, что уязвимость вашей дочери перед критикой (настоящей или воображаемой) в подростковые годы очень высока. Ваши навыки жизненно необходимы, чтобы сохранить жизнь как вестнику, так и вести.

Три подсказки для вестников

Подсказка 1. Тщательно выбирайте свои комментарии. Если вы комментируете слишком много и часто, буквально ни одно из ваших сообщений не достигает цели. Ваша дочь установит сильный «фильтр», чтобы удерживать на расстоянии вас и ваши сообщения. Подождите, а прежде чем говорить, задайте себе вопрос: «Эта проблема настолько значима, чтобы заострять на ней внимание?»

Например, я безуспешно изводила обеих своих дочерей по поводу их хруста костяшками пальцев. (Что такое с этим хрустом костяшками? Мои клиенты-подростки тоже так делают.) Мои комментарии были бесполезны и

ужасно раздражали дочерей, которые со временем сами избавились от этой привычки. Проследите за собой: не слишком ли часто вы что-то комментируете? Если вы склонны волноваться или раздражаться, воздерживайтесь от большинства своих комментариев, чтобы дошли до цели только важные.

Подсказка 2. Пусть общение будет коротким и приятным. «Фильтр» вашей дочери реагирует на определенное число слов. Этот лимит зависит от неизвестных переменных величин, которые находятся вне родительского контроля и понимания. Если ваши комментарии будут краткими, вероятность принятия сообщения увеличится. Выберите несколько предложений и выразите свои мысли эмоционально нейтрально и без оценки или осуждения.

Подсказка 3. Выберите слова с позитивной интонацией. Такие фразы, как «Ты кажешься», «Кажется, что...», «Мне интересно», «Я заметила» или «Я слышал (или читал)» предполагают легкий подход, предлагающий сотрудничество. Ваша дочь скорее воспримет ваши мысли, если вы постараетесь не преподносить их как мнение эксперта. Настрой эксперта сильно отталкивает девочек-подростков, и я избегаю его и как психолог, и как мама. Уважительное отношение к девочкам как к равным, а не к тому, кто ниже, быстрее помогает им оставаться открытыми в разговоре и отношениях.

Использование подсказок. Проблема, конечно, состоит в том, чтобы применить эти подсказки в реальных жизненных ситуациях. Вот несколько примеров, как эффективно использовать эти подсказки в комплексе.

О том, чтобы высыпаться. Когда вы видите, как ваша дочь еле переступает порог после школы, можете сказать: «Кайла, ты выглядишь уставшей, и я вижу, что тебе тяжело. Интересно, сколько часов ты спала ночью?» Пусть ваш голос будет теплым и лишенным обвинений. Пусть интонация будет риторической — словно вы думаете вслух и ответ вам не нужен. Если ваш подход будет сочувственным и без критики, дочь может воспринять то, что вы сказали и подумать об этом сама.

О головной боли и привычках, связанных с едой/ напитками. Вы можете сказать: «Сьерра, мне жаль, что у тебя болит голова. Я заметила, что в последнее время ты пьешь меньше воды. И нашла много оберток от конфет. Мне интересно, есть ли тут связь?»

Вы раздумываете вслух о возможной связи, но ответа не требуете, так что дочь не опасается конфронтации. Поскольку ей не нужно защищаться от критики, она сама может подумать над возможной связью.

Вы также можете ей дать подсказку, не показавшись всезнайкой, произнеся что-то вроде: «Я слышала (или читала), что обезвоживание часто вызывает головную боль».

О велосипедном шлеме. Вы можете сказать: «Оливия, я заметила, что, когда ты ездишь на велосипеде, твой шлем остается на пороге. Несчастный случай может быть очень серьезным и может даже навсегда изменить твою жизнь. Защищать голову жизненно важно». Потом можете добавить: «Я люблю тебя, и твоя безопасность действительно важна для меня. Пожалуйста, носи шлем, на какое бы расстояние ты ни ехала».

Так как опасность для здоровья в этом случае достаточно серьезна, вы можете усилить воздействие, найдя статьи о безопасности езды на велосипеде или несчастных случаях с велосипедистами и прикрепив их к двери ее комнаты.

Чтение поможет заставить ее задуматься, при этом вы не будете единственным источником информации.

Соединяя воедино все позитивное

Также важно, а иногда крайне важно, отмечать положительные для вашей дочери моменты. Признавая полезные результаты ее разумного выбора и здоровых привычек, вы помогаете соединить воедино все, что она делает правильно.

Об улучшении питания, отдыхе и поддержании водного баланса. Вы можете сказать: «Дейзи, ты потратила столько энергии и была так сконцентрирована сегодня на турнире. Кажется, здоровое питание, внимание ко сну и потребление достаточного количества воды хорошо помогают».

Об улучшении настроения благодаря упражнениям. Вы можете сказать: «Кали, я вижу, какой энергичной и довольной ты себя чувствуешь после плавания».

Упражнение «Помощь вашей дочери в соединении всех элементов»

Теперь пришло время рассмотреть, как вы можете помочь дочери соединить все воедино и дать самые полезные комментарии. Начните с того, что запишите три повторяющиеся проблемы с ее здоровьем.

_____

_____

_____

Перечитайте раздел «Три подсказки для вестников», приведенный выше, и запишите несколько предложений, которые соединяют воедино все моменты для вашей дочери в названных вами проблемных ситуациях.

_____

_____

_____

Тренировка новых навыков общения и доброжелательной поддерживающей интонации дает вам силу положительно влиять на здоровье и безопасность вашей дочери. Мягкое прикосновение влияет на нее сильнее, чем крепкая контролирующая хватка.

Прощай, контроль, — здравствуй, влияние

Вы, конечно же, заметили, и, наверное, посетовали на то, что контроль над выбором вашей дочери в подростковые годы снижается. Вы больше не можете удержать ее от огромного количества сахара и заставить поспать, чтобы она получила так необходимый ей отдых. Увы, многие из ее решений, незначительных и важных, оказались вне вашей юрисдикции.

Вы все еще можете поставить себя так, что будете влиять на нее. Когда вы общаетесь в духе сотрудничества, который только что практиковали, ваша дочь будет ощущать меньше необходимости противостоять вам, отвергать или бунтовать. Она будет чувствовать, что ее уважают и любят. Когда вы откажетесь от необходимости контролировать и вместо этого примените силу влияния, вы укрепите отношения с дочерью, благодаря которым будете оставаться с ней на одной стороне.

Ваши отношения не только улучшатся, но вы уменьшите силу, с которой она вас отталкивает, а она будет нести ваше влияние в себе, и оно будет направлять ее решения. Выбор дочери не всегда будет радовать вас, но она примет много правильных решений.

Зачем отказываться от жесткого контроля?

Если вы относитесь к родителям, которые жестко контролируют своих детей, пришло время изменить стиль, потому что результатом сверхконтроля являются сердитые бунтари. Вы не всегда можете заметить в ребенке сердитого бунтаря, потому что и незначительные, и серьезные симптомы могут проявляться незаметно.

Девочки, которых чрезмерно контролируют, какое-то время мирятся со строгим воспитанием, но когда у них активируется «внутренняя точка возгорания», появляются проблемы. Если девочки-подростки, которых жестко контролируют, внешне не проявляют свой гнев, они могут копить его внутри, пока он не перейдет в депрессию или не приведет к поступкам, которые вредят им самим. Что еще более опасно — девочки не хотят обращаться за помощью, поддержкой или особенно спасением, даже когда это необходимо, к родителям, потому что боятся разочаровать их или опасаются, что их самих осудят и отвергнут. Как нехватка внимания вредит девочкам-подросткам, так им мешает и сверхконтроль.

Что из этого следует? Девочки-подростки, которых слишком контролируют, часто срываются на поведение, от которого их родители пытаются их же защитить.

> *Откажитесь от контроля,*
> *используйте влияние.*

Упражнение «Вы слишком контролируете ребенка?»

Если вы подозреваете, что слишком строго контролируете своего ребенка, и даже если вы так не счи-

таете, посмотрите на утверждения ниже и проверьте, относятся ли некоторые из них к вам.

- Люди подсмеиваются над вами из-за того, что вы все контролируете или называют вас маньяком контроля.
- У вас есть собственное мнение по поводу всего, и этим мнением вы щедро делитесь.
- Вы чувствуете, что проигрываете, когда люди вас разочаровывают.
- Вам трудно найти компромисс.
- Вам трудно слушать, не прерывая.
- Ваши идеи кажутся вам самыми-самыми лучшими.

Если вы ответили «да» на одно или несколько утверждений, пришло время «переключить скорость». Многие из тех, кто жестко контролирует других, чудесные, милые и любящие люди, но вы не можете снять с себя ответственность лишь потому, что вы милый и любящий человек с сильным желанием контролировать! Любовь не нейтрализует вреда, нанесенного чрезмерным контролем.

Если девочки-подростки не действуют, а только подчиняются контролирующим их родителям, они могут помешаться на одобрении. Фанатам одобрения трудно: чтобы понравиться другим, они проходят мимо настоящего разностороннего развития, это становится пищей для их голодающей самооценки. Вместо способности самостоятельно поддерживать свою уверенность и благополучие, они получают зависимость от похвалы и одобрения других. В конце концов такие девочки борются с чувствами пустоты и обиды, принеся себя в жертву тому, чтобы соответствовать ожиданиям других, от которых они, к несчастью, зависят.

Ваша дочь заслуживает лучшего будущего, чем это. Конечно, она может сделать кого-то счастливым, но это должно быть следствием подлинного совершенного развития — развития, основанного на глубокой связи с *её* мыслями, чувствами, идеями, выбором и приоритетом. Подростковые годы жизненно важны для всех видов развития, которое легко можно сбить с курса, если девочки застрянут на месте, капитулируя перед чрезмерно контролирующими родителями или бунтуя против них. Держать под контролем — значит нарушить программу развития девочки, так что становитесь честным наблюдателем ее поведения и будьте готовы исправить самих себя, если возникнет такая необходимость.

Упражнение «От чего вы можете избавиться?»

Вы делаете за дочь то, что лучше бы она делала сама? Вам не нужно отказываться от воспитания или поддержки — просто посмотрите на свое поведение, чтобы понять, забота это или, скорее, контроль. Чтобы помочь вам понять, от чего можно отказаться, подумайте над вопросами ниже.

Ваша дочь сопротивлялась вашему властному поведению или вы получали комментарии о нем извне? Если да, то какие?

_____

_____

_____

Есть ли польза при отказе от такого поведения? Если да, то какая?

_____

_____

_____

Есть ли риски? Если да, опишите их.

_____

_____

_____

Обсудите то, что вы написали, с вашей дочерью, чтобы получить ее комментарии. Можете подумать над изменениями, которые помогут и ей, и вам.

Поддерживая самостоятельность

Чтобы избавиться от чрезмерного контроля, больше концентрируйтесь на себе и меньше на своей дочери. Заметьте, сколько времени и сил вы тратите на то, чтобы управлять ее решениями и направлять ее, а затем отступите. Пересмотрите свою позицию, задав вопрос: *какой результат вы хотите получить?* Вы, конечно, не хотите, чтобы дочь испытывала негативные чувства и избегала вас, потому что вы слишком все контролируете. Девочки-подростки часто говорят, что их глубоко оскорбляет родительский контроль, потому что они чувствуют, что родители не верят в них. Тогда как вы думаете: «Я делаю это из любви», ваша дочь может думать: «Мама и папа совершенно в меня не верят». Если вы хотите, чтобы ваша дочь становилась все более самостоятельной, в то же время сохраняя добрые отношения с вами, ослабьте свой контроль и тренируйтесь чувствовать, верить и выражать вашу уверенность в ее растущие способности к самоорганизации.

В метафорическом смысле вы передаете ей жезл и радуетесь, когда видите, как она идет вперед и учится справляться с такими вещами, как утренний подъем, встречи и расписание. Иногда жезл можно уронить, и это часть процесса обучения. Когда случаются ошибки, заверьте дочь в том, что люди понимают, как делать что-то правильно, иногда сделав что-то неправильно. Замените

жесткое управление любящим наблюдением, узнайте, что ей необходимо, о чем она думает, чего хочет. Предоставьте ее интересным впечатлениям и сведениям и радуйтесь тому, какая она.

Сконцентрируйтесь на позитивном времяпрепровождении с ней, делясь радостью и показывая дочери ее ценность.

Приветствуйте отстранение

Если вы делаете ненужный комментарий и замечаете, что находитесь в состоянии сверхконтроля, позвольте своей дочери *оттолкнуть* вас и обстоятельно рассмотрите ее точку зрения: «Мам, я поискала в Google про хруст костяшками, он не вызывает артрита или других серьезных проблем». Поддержите такое смелое и способствующее развитию поведение, перестав бороться и оценив ее ум, находчивость и силу: «Приняла к сведению, Марли. Видимо, это моя проблема, но больше ничего не скажу по этому поводу». Подростки любят, когда взрослые признают свою неправоту. Это уравнивает позиции и кажется им ободряющим. Это также пример ответственности, гибкости и желания ценить отзывы других людей. Ваша девочка-подросток чувствует себя значимой, когда вы сдаетесь, принимаете и уважаете ее точку зрения.

Положительное влияние: физические упражнения, сон, еда

Теперь рассмотрим еще несколько способов положительно повлиять на девочек-подростков. В период быстрых изменений вы можете установить распорядок повседневных занятий так, что они сильно повлияют на самочувствие вашей дочери и ее ощущения от жизни.

Здоровые привычки, приобретенные в этом возрасте, она может перенести и во взрослую жизнь.

Важность физических упражнений

Подростковые годы — идеальное время заняться регулярной физической деятельностью. Так как девочки-подростки систематически переживают периоды бурного роста и увеличения веса, физические упражнения немного снижают ощущение, что они не контролируют свое тело. Девочки-подростки регулярно отмечают как положительный результат физических упражнений снижение тревожности, улучшение настроения и способности думать и концентрироваться. Они также ощущают, что могут влиять на свою жизнь, что поднимает уверенность и самооценку.

Если ваша дочь разовьет привычку к регулярным упражнениям, она почувствует себя более уверенно и комфортно в своем мире. В обществе, которое производит и рекламирует нездоровую пищу для подростков, постоянно культивируя образы суперхудых и суперсексуальных женщин, девочки-подростки получают мало поддержки, чтобы почувствовать себя здоровыми, сильными и способными радикально изменить свое тело. Физические упражнения как способ позаботиться о теле, в отличие от насильственного заталкивания его в нужную форму, создают у девочек-подростков правильную ориентацию на заботу о себе.

Помните, что во время своего развития девочки-подростки отвечают на установленное эволюцией желание выглядеть и быть привлекательными. Они хотят, чтобы их любили и принимали, хотят быть достаточно симпатичными. Это не поверхностное желание, это запрограммировано. В нашей «суперсексуальной» культуре девочки-подростки быстро замечают: чтобы считаться привле-

кательными, нужно следовать образцам, транслируемым СМИ. Наше общество потребления радо предоставить такие вещи, как бюстгальтеры пуш-ап с мягкими чашечками для детей предподросткового возраста!

> *Многие девочки-подростки усердно стараются стать худыми или сексуальными не потому, что хотят секса, а потому что хотят в полной мере соответствовать стандартам нашей культуры.*

Сон или кошмар?

Будьте готовы к тому, что физические упражнения — возможно, худший кошмар девочек-подростков. Мы все знаем, что нужно много времени, чтобы установить и поддерживать режим упражнений. Девочки-подростки часто избегают упражнений из-за застенчивости и физической усталости. Уставшая девочка-подросток, которая борется с ощущением неловкости, не будет в восторге от того, чтобы пойти с вами в спортивный зал заняться аэробикой. Призывайте дочь быть активной, не слишком давя на нее. Девочки, чувствующие, что их заставляют заниматься упражнениями, неправильно это воспринимают: «Родители думают, что я толстая!»

Некоторые девочки-подростки слишком много тренируются в паническом стремлении контролировать вес. Это поведение может сигнализировать о расстройстве пищевого поведения, и такой подросток нуждается в любящей помощи и терпеливой поддержке, чтобы превратить самонаказание в любовь к себе. В зависимости от того, на-

сколько глубоким становится стрессовое мышление и поведение, может понадобиться профессиональная помощь.

По большому счету мы хотим, чтобы разумные и регулярные упражнения стали частью здорового, сбалансированного образа жизни подростков с любовью к себе. Регулярные упражнения помогут девочкам-подросткам лучше чувствовать себя как эмоционально, так и физически. Такие упражнения могут послужить отличным выходом из стресса и сильных эмоций. Девочки, участвующие в групповых занятиях или командных видах спорта, могут получить пользу от расширения личных отношений, которые развиваются наряду с другими положительными моментами, когда девочка является частью команды. Семьи, которые занимаются вместе, получают от этого удовольствие, одновременно укрепляют отношения и тренируются. Совместное катание на велосипедах, прогулки в горах, пеший туризм, скалолазание и походы в спортивный зал способствуют здоровью и позитивным отношениям.

Если вам нравятся новые впечатления, начните искать возможности для спортивных занятий в вашем районе. Вы можете привлечь дочь к участию в благотворительных пробегах или ходьбе на 5–10 километров. Тренировки для достижения определенной цели могут дать сильную мотивацию. Знание, что ее участие помогает благой цели, дает вашей дочери возможность испытать положительные эмоции и установить связь с человечеством вне пределов ее личных социальных отношений. Не все девочки-подростки согласятся пробежать 10 километров, однако следите за другими возможностями в вашем районе. Чтобы повысить уровень интереса, можете попросить своих друзей присоединиться к вам. Когда упражнения становятся частью распорядка дня, девочки видят, что могут влиять на свое самочувствие, внешний вид и деятельность благодаря упорству и решимости. А это не шутка, когда столько

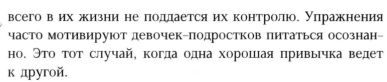

всего в их жизни не поддается их контролю. Упражнения часто мотивируют девочек-подростков питаться осознанно. Это тот случай, когда одна хорошая привычка ведет к другой.

В идеале родители могут пытаться помочь девочкам легко и в положительном ключе найти ту активность, которая им нравится, помочь им заняться этой деятельностью. Разным девочкам понравятся разные виды физической активности. Одна из моих клиенток, не любящих соревноваться, нашла свое счастье в танце живота, в то время как другая, испытывающая тревожность и чрезмерное напряжение, составила график занятий бегом, который помог ей взять себя в руки и расслабиться. Вот несколько предложений.

Поговорите об упражнениях (и еде), концентрируясь на здоровье, а не на весе. Когда люди выполняют упражнения и правильно питаются, вес сам о себе позаботится. Девочки-подростки, которые учатся доверять своему телу, едва ли будут уделять чрезмерное внимание еде и физическим упражнениям как основному способу жестко контролировать вес. Чрезмерный контроль — как маятник: он обернется у девочек отсутствием контроля, что является признаком нарушения питания. Даже если у вашего подростка наблюдается быстрый рост, ее тело знает, как восстановить баланс. Лучшее, что она может сделать, — это заботиться о себе каждый день, не паниковать, не спешить и не толкать себя обратно к препубертатному телу. Вы можете стать основным источником уверенности.

Будьте активны и создайте взаимовыгодную ситуацию для себя и вашей дочери. Заботьтесь о себе, и вы научите дочь своим примером. Разве не логично, что у активных родителей активные дети? Если вы регулярно занимаетесь, пусть ваша дочь увидит, как хорошо это действует на вас. Она слышит, когда вы говорите о том,

насколько бодрее чувствуете себя после прогулки, или как йога помогает вам ощутить себя сильнее, счастливее и более сконцентрированным.

Включите действия, которые соответствуют интересам и личности вашей дочери. Если не в ее стиле идти и танцевать перед другими людьми, она может быть лучшим кандидатом для занятий пилатесом дома или для домашней пробежки на тренажере. Если ваша дочь экспрессивна и театральна, ей могут понравиться занятия танцами, когда есть возможность выступать. Если она переживает стресс или испытывает трудности с концентрацией, ей может понравиться, как занятия йогой помогают его снизить, одновременно повышая ясность мысли. Придумывайте идеи, но всегда следите за тем, что она думает.

Дайте вашей дочери больше информации о формировании новых привычек, таких как физические упражнения. Создавать новые привычки может быть очень сложно. Однако приблизительно после трех недель новая привычка займет свое место и уже будет казаться странным не заниматься! Намного проще *поддерживать* режим упражнений, чем входить в него. Проще оставаться в форме, чем достичь нужной. Ваша дочь может гордиться собой всякий раз, когда справляется с заданием. Вскоре график ее упражнений будет казаться частью ее самой и того, как она проживает жизнь.

Еще одним огромным преимуществом регулярных упражнений является крепкий сон. Так как режим сна девочек-подростков обычно претерпевает множество изменений, давайте рассмотрим, как вы можете помочь дочери спать лучше.

Важность сна

«Но я не устала!» Она не шутит, она действительно не устала. Сейчас 11 или 12 часов ночи, и ваша дочь все еще чувствует себя самой бодрой в семье. В 2002 году исследователь сна Мэри Карскэдон описала изменения в мозгу подростков, влияющие на суточный ритм. Оказывается, что мозг подростков вырабатывает сонный гормон мелатонин на два часа позже, чем в доподростковом возрасте или у взрослых. Все становится еще сложнее, когда девочка-подросток должна проснуться свежей для нового учебного дня: ее мозг продолжает вырабатывать мелатонин (Carskadon 2002). Сон у девочек-подростков уходит, только когда повышается интенсивность обучения.

Специалисты по сну говорят, что, хотя многие подростки могут довольствоваться небольшой продолжительностью сна, в действительности для правильного функционирования их организм нуждается в девятичасовом сне. Настроение, память, рост, обучение, оценки за тесты и эмоциональный контроль — все это серьезно бьет по подросткам, когда их сон недостаточен (Strauch 2004). Когда в следующий раз ваша дочь взорвется, забудет о чем-то важном или плохо выполнит тест, рассмотрите как возможную причину нехватку сна.

Чтобы поддержать подростков, некоторые школы меняют время начала занятий на более подходящее для развития мышления. В 2002 году Кайла Валстром и ее группа исследователей из Университета Миннесоты выяснили, что когда в старшей школе в Миннесоте время начала занятий изменили с 7:25 на 8:30, результаты проверочных тестов SAT по математике повысились у лучших учеников на 56 баллов, а результаты теста SAT по аналитическому чтению поднялись на поразительные 156 баллов! У таких учеников наблюдалась более высокая мотивация и более низкий уровень депрессии (University of Minnesota 2002). Будем наде-

яться, что такие результаты приведут к тому, что в старших классах по всей Америке занятия будут начинать позже.

В 2011 году я брала интервью у специалиста по сну доктора Аарона Морза из Центра сна Центрального побережья в Санта-Крузе, Калифорния. Доктор Морз отметил, что потеря сна связана с рядом проблем: нестабильность настроения, раздражительность, депрессия, высокие уровни гормона стресса кортизона и сниженная способность перерабатывать глюкозу, что может привести к ожирению и второму типу диабета. Доктор Морз также отметил, что проблемы с концентрацией типичны и приводят подростков к высокому риску вождения автомобиля в сонном состоянии и к несчастным случаям, вызванным сном за рулем.

Разговоры о сне

Верите или нет, но большинство подростков завороженно слушают об изменениях в их мозге. Когда вы начинаете разговор со своей дочерью, начните с того, что мозг подростка вырабатывает мелатонин позже, поэтому вызывает задержку засыпания ночью. Большинству подростков нравится замечание, что их сопротивление сну не является только их виной. Вы можете даже посочувствовать ей: «Не удивительно, что ты не хочешь рано ложиться!» Это ставит вас на одну сторону.

Потом дайте ей понять, что есть и другие интересные исследования подростков и сна. Поделитесь некоторыми моментами из приведенной выше информации или сами поищите что-нибудь, чтобы она поняла, чем вызван ваш интерес к правильному сну: «Не хочу сделать твою жизнь несчастной, надоедая тебе разговорами о сне, но хочу, чтобы ты знала, как важен сон для твоей учебы, памяти, настроения и почти всего остального. Хочу, чтобы ты сама справилась с этим, а я просто буду твоей поддержкой».

Есть ли другие способы призвать дочь хорошо высыпаться ночью? Вот несколько предложений.

Попросите ее выключать все гаджеты не меньше чем за час до сна, чтобы снизить ее уровень возбуждения. Унеся гаджеты из ее комнаты, вы убираете соблазн и снижаете привычку пользоваться ими.

Помогите ей соединить сон и способствующую сну деятельность, которая ей нравится: теплая ванна, чтение для удовольствия, травяной чай для сна. Помогайте ей избегать деятельности, требующей больших затрат энергии вечером, и кофеина в любых видах после полудня. Даже шоколад содержит достаточно кофеина, чтобы помешать сну девочки-подростка.

Помогите ей установить разумное время сна. Большинство родителей этого не делают, значит, девушки сами его устанавливают. Вместо того чтобы назвать ей время, можете спросить: «Согласно исследованиям, очень важно спать не меньше девяти часов, во сколько ты начнешь готовиться ко сну?» Потом поддержите ее идеи: «Хорошо, тогда тебе нужно пойти в ванную около девяти часов, чтобы начать постепенно успокаиваться».

Важность еды

Чего не любит невыспавшийся подросток больше, чем необходимость вставать с постели? Да, мысль о том, что надо видеть пищу, чувствовать запах и просто принимать ее. Помогите вашей дочери понять, что тело — машина, передвигающая ее в течение дня. Оно требует энергии (свежей, здоровой пищи и много воды), чтобы двигаться, думать и чувствовать себя хорошо.

Вот несколько способов, с помощью которых родители включили здоровое питание в свою повседневную жизнь

семьи. Измените их или создайте другие, которые подходят вам и вашей дочери.

- Моя дочь теперь каждые выходные составляет меню на неделю. Иногда она ходит вместе со мной в магазин. Когда я предложила идею с меню, я дала ей понять, что хочу работать с ней, а не надоедать ей. Я сказала, что, поскольку готова покупать еду согласно ее постоянно меняющимся вкусам, она должна быть готова выполнять свою роль: каждый день завтракать и работать над правильным выбором питания.

- Я попросила дочь узнать у друзей, что нравится им, и мы пользуемся этим как источником вдохновения. Моей дочери, кажется, в последнее время нравится опрашивать друзей по поводу их предпочтений в еде. Мы повесили этот список с идеями на холодильнике. Ее друзья знают, что нам нравится вдохновение, так что они принимают участие и записывают свои последние любимые блюда. Вот как мы узнали о супе мисо на завтрак, который нравится дочери, и жарим большую сковородку овощей, которые можно добавлять на неделе ко всем блюдам, начиная с яиц и заканчивая салатом.

- Мы пытаемся сделать завтрак чем-то забавным, экспериментируя с новыми рецептами смузи. Белковый порошок и другие дополнительные вещества повышают питательные свойства.

Что касается обеда, правильная здоровая домашняя еда дает основу для качественного питания. Вам лучше всего сотрудничать с дочерью и пытаться выбрать еду, которая ей нравится.

Ужин в кругу семьи

Есть множество убедительных причин ужинать в кругу семьи. Эмоционально это дает семье чувство общности и безопасности. Ужин напоминает вечно занятым подросткам, что они часть особого союза, который делится жизнью и любовью. Социально это расширяет возможность общения. Подростки весь день пишут СМСки, а за ужином у них появляется шанс попрактиковаться в живом общении с родителями, братьями и сестрами, гостями. Некоторым подросткам помогают такие вопросы: «Кто-то хочет услышать, как прошел мой день? Мне есть чем поделиться». В некоторых семьях рассказывают о каком-то одном событии, произошедшем за день. Даже подросток, который не хочет общаться, обычно поддержит беседу.

В отношении питания для подростков полезнее домашние ужины, а не еда, которую они поглощают на ходу. Ужин в кругу семьи часто включает свежие полуфабрикаты с бо́льшим содержанием питательных веществ и меньшим — жиров и натрия. Если они едят за столом, размеры порций будут скорее умеренными, а еда употреблена более сознательно. Многие считают, что в финансовом отношении ужин дома менее затратен. Одним из положительных моментов экономического спада в стране стало возвращение к ужинам в кругу семьи.

Новая информация о важности ужина в кругу семьи весьма вдохновляет. В 2009 году в своей книге «*Как воспитать свободного от наркотиков ребенка*» Джозеф А. Калифано-младший заявляет, что совместный прием пищи от пяти до семи раз в неделю снижает у подростков уровень курения, употребления алкоголя и незаконного употребления наркотиков (Califano 2009).

Кто бы мог подумать, что прием пищи в кругу семьи может иметь такие положительные последствия? Стоит поднапрячь силы для таких результатов. Но если вам сложно ужинать вместе, идите в сторону прогресса, а не совершенства, включая ужин в кругу семьи в ваше недельное расписание, когда это возможно.

Опасная зона: еда и расстройство пищевого поведения

Для некоторых девочек попытки контролировать питание и вес становятся настоящим мучением. В пред-подростковом и подростковом возрасте они очень сильно подвержены развитию расстройства пищевого поведения. Разные факторы подвергают девочек риску. Девочки-перфекционистки могут начать терять вес, чтобы добиться идеала физической красоты нашей культуры (худые с большой грудью). Чужие комплименты лишь подкрепляют нездоровые цели. Изначально худые девочки могут испытывать такую травму от набора подросткового веса, что это открывает дверь для принудительной и суровой «исправительной» реакции. Девочки, известные благодаря своей стройности, могут испытывать необходимость избавиться от появляющихся округлостей, провоцирующую опасный диетический кошмар. Девочки, испытывающие стресс или беспомощность, могут чрезмерно сосредоточиться на ограничении в еде и физических упражнениях как способе выражения гнева или получения чувства контроля. Девочки, угнетенные ожиданиями (внутренними, идущими от родителей или общества) и ограничением свободы, могут переводить свое раздражение и боль в то, что изнуряют тело голоданием: чередование переедания и голода, переедания и очищения организма. Сейчас проблемы с питанием особенно опасны и начинаются у девочек намного раньше.

Так как расстройства пищевого поведения у девочек-подростков могут привести к серьезным заболеваниям и

Люси Хеммен

даже смерти, они являются важной проблемой и требуют помощи специалистов как им самим, так и родителям. Если вы замечаете изменения в привычках питания вашей дочери, поведении после принятия пищи и/или изменение веса, осторожно поговорите с ней. Поскольку эта тема вызывает столько волнения, реакция родителей может быть напряженной и эмоциональной. К несчастью, это часто усиливает расстройство питания. Вместо того чтобы избавиться от проблемы, ее загоняют вглубь, и девочки-подростки делают все возможное, чтобы ее спрятать.

Девочки с расстройством питания нуждаются в поддержке и терпении. Но поддержка нужна и их родителям. Позаботьтесь о себе, чтобы вы могли сотрудничать с дочерью в борьбе с этой проблемой. Вы выступаете против угрозы здоровью, а не против своей дочери. Соберите группу поддержки, в которую нужно включить диетолога, семейного врача, знающего, как лечить расстройство пищевого поведения, и опытного психотерапевта.

Я хотела бы завершить эту главу двумя важными моментами. Прежде всего, чтобы обезопасить себя, никогда, никогда не комментируйте чей-то вес, даже чтобы сделать комплимент. Комплименты, как и критика, могут вызвать навязчивую идею. Если вы хотите сделать комплимент, скажите кому-то, что она или он выглядят блистательными, красивыми, энергичными и счастливыми. Во-вторых, никогда не критикуйте свое тело, особенно если вы мама. Если вы работаете над тем, чтобы вернуться в форму, осторожно выбирайте слова, чтобы быть правильным примером поведения для своей дочери. Приводите себя в форму с любовью, а не с ненавистью. Ваше здоровье, подход с любовью к своему телу будут убедительным примером для дочери.

Теперь, когда мы рассмотрели самые важные проблемы со здоровьем, двинемся дальше, чтобы узнать, как поддержать девочек в безопасном выборе в других сферах жизни.

Дочь-подросток

6.

Прогулка
в неизведанное:
поддерживаем
безопасные решения

Рискованное поведение окружало нас, когда мы были подростками и задолго до этого. В то время как некоторые рискованные фантазии появляются и исчезают, основное трио соблазнов остается прежним: секс, наркотики и алкоголь. Добавьте к любому из них вождение, и вы получите еще больше риска и поводов для волнения родителей.

Есть конкретные причины, почему девочки-подростки стремятся пуститься во все тяжкие. Они хотят приключений, независимости и чувства принадлежности. Развитие их мозга порождает стремление к экспериментам, поиску наслаждений и новых ощущений. В то же время, так как мозг подростков все еще в процессе развития, осмотрительному поведению мешает неспособность правильно или точно предсказывать и планировать последствия. За такие операции отвечает префронтальная кора — часть мозга, которая развивается последней!

Вы можете заметить:

- Ваша дочь проявляет больше сексуальности, чем вам хотелось бы. А если нет, то она смотрит секс-шоу/фильмы/музыкальные клипы, читает книги, где описывается секс, и слушает песни, тексты которых связаны с сексом. Вы хотели бы обсудить с ней темы сексуальности, но боитесь увидеть выражение лица, предвещающее «смертную казнь».

- Вы гадаете, принимает ли она наркотики. Вы обнимаете ее по двум причинам: конечно же, чтобы передать любовь, но и чтобы незаметно проверить запах.

- Вы волнуетесь из-за ее поведения в ситуациях, когда не можете за ней приглядывать. Она так хорошо хранит свои секреты, а ваши вопросы плохо воспринимаются.

Эксперименты подростков с сексом, наркотиками и алкоголем

Проблемой этих подростковых лет является то, что наши дочери сталкиваются с давлением трех факторов риска *налиного раньше*, чем получают способность принимать решения и определять разумные границы. Давление не подразумевает, что другие стоят рядом с нашими подростками и уговаривают их принять участие в рискованном мероприятии. Давление означает беспощадный поток сообщений, поступающих из нашего общества. Эти сообщения вместе с незавершенным развитием мозга и сексуальным развитием соблазняют выпивкой, курением и занятиями сексом. Даже очень юные девушки поглощают эти послания нашего общества. Вот почему вы видите маленьких девочек, одетых, словно им 21, выражающих псевдоискушенность, которая сбивает с толку в их возрасте.

Если вы говорите с вашей дочерью-подростком о давлении общества, есть шанс, что она не будет кивать и активно участвовать в разговоре. Девочки-подростки чувствуют, что выбор, заниматься этим или нет, остается за ними, и обижаются, если вы намекаете, что есть больший источник влияния. Они не считают культурную систему ценностей, преподносимую СМИ, источником оказываемого на них воздействия. Это просто мир, в котором они выросли. Фильмы и музыка — ежедневное развлечение, и у них нет причин сомневаться в их влиянии. Однако сообщения все равно влияют на них. На нас влияют послания культуры, сознательно и подсознательно определяя наши ценности, выборы и приоритеты. Девочки-подростки особенно уязвимы перед их негативным воздействием.

Со временем девочки культивируют чувство личных границ и ценностей. Для некоторых эксперименты — это часть процесса определения ценностей и границ. Решения, плохие или нет, дают информацию и опыт, которые помогают девочкам понять, что для них хорошо, а что нет. Некоторые девочки используют психотерапию, чтобы понять, что они чувствуют по поводу своих экспериментов, так как психотерапевт облегчает изучение без эмоциональной напряженности родителя. Если взрослые относятся к экспериментам подростков без осуждения, разговор может облегчить размышления и углубить знания. Неважно, находится ли девочка в процессе непрерывного экспериментирования, крепкие отношения хотя бы с одним из родителей — это точка стабильности.

Для других девочек эксперименты минимальны, потому что они уже понимают свои ценности, не склонны к риску или боятся уронить свой авторитет. Некоторые начнут экспериментировать, как только попадут в колледж, в то время как другие никогда не почувствуют в этом особой необходимости. Тогда как некоторые родители чувствуют себя совершенно опустошенными из-за экспериментов своих дочерей, я научилась не делать поспешных выводов, что такое поведение означает и к чему в итоге приводит. Я видела многих девушек, которые в конечном счете выработали на своем опыте экспериментирования очень надежный и безопасный свод правил поведения и ценностей.

Что же в итоге? Многие девочки постепенно будут развивать навыки принятия решений и станут самостоятельно определять разумные границы. До этого момента их нужно направлять и защищать.

Разные реакции родителей

Многим родителям хотелось бы использовать гарантированный, подходящий на все случаи жизни подход к безопасному сопровождению подростков через эти годы. Вместо этого существует широкий спектр подходов и стилей родителей. Одна крайность — родители, устанавливающие размытые границы и не высказывающие особых пожеланий относительно секса, наркотиков и алкоголя. Некоторые разрешают употребление наркотиков, алкоголя и вечеринки в своих домах, считая, что такой выбор скорее обезопасит подростков, чем если они будут заниматься этим вне дома. Некоторые также позволяют сексуальное поведение, не определяя его границ и норм.

Другая крайность — родители с нулевой толерантностью. Они абсолютно нетерпимы к любым экспериментам. Это приводит к тому, что ребенок или отказывается от экспериментов, или скрывает подобное поведение. Некоторые экспериментирующие подростки скрытны и успешны в преодолении родительской бдительности, в то время как другие попадаются, приближая кризис родительско-подростковых отношений. Чем больше подростки экспериментируют и чем экстремальнее такое поведение, тем больше вероятность, что родители или другие люди узнают о нем. В общем, родители с нулевой терпимостью выражают свои ожидания, описывают рискованное поведение как нетерпимое и неприемлемое и двигаются дальше, пока не узнают о нарушении правил.

Есть две крайности и множество родителей, качающихся посередине, пытающихся сказать, что они и не слишком много разрешают, и не ведут себя строго. Часто такие родители и их дети-подростки запутываются в добрых побуждениях, и их сбивают с толку смешанные послания. Вот как одна девочка-подросток описала свой опыт:

> Мама и папа всегда говорили мне, что я могу быть с ними честной, несмотря ни на что. На прошлой неделе мама давила на меня, пытаясь узнать, занимаюсь ли я сексом с моим парнем. Я ответила ей «да», и что я хотела бы попробовать таблетки. Она совсем побелела и отшатнулась от меня, как будто я только что испражнилась на пол. Я думаю, она хочет, чтобы я была абсолютно честной, кроме тех случаев, когда я могу сказать что-то, чего она не хочет слышать.

Понятно объясняйте свои ожидания и пожелания

Иногда нам сложно пережить такие шокирующие моменты, как вышеописанный. Эта мама поняла, что есть большая разница между подозрением и знанием, что ваша дочь сексуально активна.

К счастью, у нас нет необходимости быть идеальными родителями, когда мы сталкиваемся со сложными ситуациями. Нам просто нужно дать нашим девочкам понять, что мы делаем все возможное и готовы меняться по пути. В данном случае маме потребовалось время, чтобы перегруппироваться, переварить информацию и прояснить для себя ту мысль, которую хотела донести до своей дочери. Она извинилась перед дочерью за свою первоначальную реакцию и записала ее к гинекологу, который был известен тем, что обучал девочек-подростков и хорошо заботился об их здоровье. Она предложила дочери обсудить с ней и

врачом вопросы и проблемы, которые ее заботят, и дала ей книги и статьи на тему подростковой сексуальности.

> *Прежде чем вы проясните все своей дочери, проясните это для себя.*

Мама также начала душевный разговор о значении и рисках (эмоциональных и физических), которые сопровождают сексуальные отношения. Она решила четко определить, что родной дом не место для секса. Она рада видеть дочь и ее друга в доме вместе, но о закрытых дверях и ночи вдвоем речи быть не может. В результате сексуальная сторона отношений девочки-подростка протекала медленнее, появилась возможность развиваться таким элементам, как хорошее общение и близость несексуального характера. Хотя дочь не была в восторге от введенных дома ограничений и боролась за право на личное пространство за закрытыми дверями своей комнаты, она чувствовала, что мама очень старалась считаться с ее интересами, и была ей за это благодарна. Она также отметила, что замедление развития сексуальных отношений хорошо повлияло и на нее, и на отношения.

Прежде чем вы сможете разобраться с дочерью, вам нужно разобраться с собой. Когда девочки еще не дошли до этого возраста, мы можем отгонять мысли о том, что нам придется справляться с экспериментами. Когда девочки становятся подростками, приходит время прояснить ожидания и смысл важных посланий, которые нужно до них донести. Следующее упражнение поможет вам определить, где вы находитесь. Если вы воспитываете ребенка вместе с кем-то, используйте это упражнение, чтобы совместно построить философию родительства. Большинство родителей не всегда приходят к идеальному соглашению, и это неплохо работает, пока они не начинают открыто саботировать друг друга. Но и родители с разными взглядами на секс и употребление наркотиков могут признать приоритетность крепких отношений с дочерью по отношению ко всем остальным проблемам.

Упражнение «Воспитание тогда и теперь»

Некоторые родители хотят воспитывать детей так же, как раньше. Другие предпринимают совместные попытки делать что-то по-другому и, как они надеются, к лучшему. Подумайте о том, как вас воспитывали, и ответьте на следующие вопросы.

Ваши родители были строгими/снисходительными/что-то среднее? Опишите:

_____

_____

_____

Их подход давал вам результаты? Поясните.

_____

_____

Что бы вы хотели изменить или оставить таким же при воспитании вашей дочери?

_____

_____

_____

Делиться или не делиться опытом

Многие родители гадают, как много им стоит рассказывать дочерям-подросткам о собственных экспериментах. Единого правильного ответа для всех не существует, есть факторы, которые нужно рассмотреть перед тем, как принять решение.

Например, дочь спрашивает о вашем опыте? Если она не задает вопросов, вам не стоит рассказывать об этом, если только не чувствуете, что знание об этом факте вашей жизни принесет ей пользу. Если она спрашивает, то что она надеется получить от вашего ответа? Спросите ее, и вы, скорее всего, узнаете что-то, что поможет вам продвинуться дальше в вашем решении. Если она отвечает вам дьявольской улыбкой, может быть, она просто хочет получить на вас «компромат». С другой стороны, может быть, она желает почувствовать с вами связь и учиться благодаря вашему опыту. Если это так, можете поделиться своей историей.

Если вы и делитесь своим опытом, однако не делитесь ничем из того, что все еще является травмирующим для вас. Вы также не должны впадать в воспоминания о «хороших днях», которые романтизируют вашу бурную молодость. У вас должно быть ощущение эмоционального контроля над материалом. Если вы все еще из-за чего-то расстроены, не передавайте эту травмирующую энергию дочери. Проясните для себя, какую мысль вы хотели бы донести до нее. Не делитесь своей историей, если не можете определить пользу от нее. Если вы интуитивно чувствуете, что делиться не стоит, доверяйте этому ощущению.

Упражнение «Зона комфорта»

Чтобы помочь вам определить, стоит ли делиться своим опытом, напишите ответ «да» или «нет» к каждому утверждению.

_____ Моя дочь проявляет интерес к моим подростковым экспериментам.

_____ Я чувствую, что ее любопытство искренне и не связано с попыткой манипулировать мной.

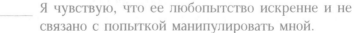

_____ У меня есть опыт, который, как мне кажется, может принести ей пользу.

_____ Мне приятно поделиться этим опытом с дочкой.

_____ Я уверен/уверена, что могу поделиться опытом так, чтобы он был полезным и положительно повлиял на наши отношения.

_____ Я уверен/уверена, что мог/могла бы поделиться эмоциональной устойчивостью, которая защитит дочь от любых чувств, не понятых мной и связанных с опытом, которым я решил/решила поделиться.

Ответы «да» могут поддержать ваше решение поделиться. Если вы ответили «да» на некоторые или все вопросы, чем вы хотите поделиться?

_____

_____

_____

Какую пользу, по вашему мнению, дочь должна извлечь из этого разговора?

_____

_____

_____

Проясните свои ожидания

Чтобы прояснить ваши ожидания относительно поведения дочери, полезно взглянуть на распространенные ожидания других родителей. Отметьте, что вы чувствуете по поводу каждого из них.

- Я ожидаю, что моя дочь будет держаться подальше от наркотиков и алкоголя, пока живет в моем доме.
- Я ожидаю, что моя дочь будет разумно подходить к экспериментам и не будет бросаться в них с головой.

- Я ожидаю, что моя дочь будет честно отвечать, когда я спрашиваю ее о наркотиках и алкоголе.
- Я ожидаю, что моя дочь будет скрывать или лгать мне о некоторых аспектах своего поведения.
- Я ожидаю, что моя дочь отложит секс до свадьбы или окончания старших классов.
- Я ожидаю, что моя дочь может проявлять больше сексуальности как подросток.

С помощью вышеприведенных утверждений проясните свое отношение. Один родитель написал следующее.

Хотя я бы предпочла, чтобы не было никаких экспериментов, я сама экспериментировала, когда была ребенком, так что ожидаю, что и моя дочь, скорее всего, будет это делать. Я ожидаю, что ей будет сложно быть честной, но, если так, мы все же сможем поговорить о том, чем она занимается, особенно если это начнет вызывать беспокойство. Я ожидаю, что у моей дочери могут появиться близкие отношения, в том числе сексуальные. Я хотела бы поделиться с ней некоторыми мыслями по поводу секса, например, что это является важным решением, и я хочу, чтобы она хорошенько об этом подумала. Я бы хотела поговорить с ней о таких аспектах, как сексуальное здоровье, а также эмоциональная уязвимость, которые возникают с половыми отношениями.

Упражнение «Мои ожидания»

Запишите несколько предложений, которые подводят итог вашим мыслям и ожиданиям относительно секса, наркотиков и алкоголя. Включите то, что вам кажется важным.

Ясно выражайте свои мысли

Когда мы имеем дело с экспериментами, нам нужно посылать нашим дочерям четкие сообщения. Прочитайте слова других родителей о том, что они хотят донести до детей:

- Я хочу, чтобы моя дочь знала, что я буду рядом с ней в случае любой опасности или в плохой ситуации, даже если она занимается тем, чего я не одобряю.
- Я хочу, чтобы моя дочь знала, что неправильно находиться за рулем под влиянием наркотиков или алкоголя и позволять другим водить машину в таком состоянии.
- Я хочу, чтобы моя дочь занималась безопасным сексом, если она ведет половую жизнь, и приходила ко мне за поддержкой.
- Я хочу, чтобы моя дочь знала — я всегда буду любить ее, даже если мне не нравится ее выбор.
- Я хочу, чтобы моя дочь рассматривала секс как что-то особенное, чем нужно делиться с тем, кого она действительно любит и кому доверяет.
- Я хочу, чтобы моя дочь знала, что чем меньше наркотиков и алкоголя в ее организме, тем лучше.

Еще один родитель написал:

Я ясно донес до моей дочери, что хочу, чтобы она звонила в случае опасности или в плохих ситуациях. Хотя она закатывает глаза, я знаю, что она слышит меня и верит, что я говорю серьезно. Я сказал ей, что ей нужно подождать с употреблением алкоголя, потому

что это вредно для ее мозга и опасно, а также незаконно. Если она будет пить, ей нужно подумать, где она находится и сколько она хочет влить в свое тело. Я не хочу, чтобы она была одной из тех девочек, которые впервые вступили в половую связь, потому что находились в состоянии опьянения. Мне нужно сказать ей об этом. Все это заставляет меня волноваться, но я хочу четко передать свое сообщение.

Иногда у нас, родителей, есть ожидания или сообщения, которые мы забываем озвучить! Мы полагаем, что наши дети знают о них, хотя мы им прямо не высказали. Просмотрите свой список ожиданий и сообщений и убедитесь, что вы действительно поделились ими со своей дочерью.

Поддержка ближнего круга: обращаемся к помощи других

Подростки всегда неохотно идут за поддержкой к родителям. Наличие ближнего круга идет на пользу не только маленьким детям, но и подросткам. Есть ли в жизни вашей дочери достойные доверия взрослые, к которым она может обратиться? Есть ли у вас близкие родственники или друзья семьи, готовые подружиться с вашей дочерью? Если это так, попросите их сказать вашей дочери, что они готовы оказать ей поддержку. Дайте дочери понять, что вы полностью поддерживаете ее разговоры с достойными доверия родственниками и друзьями и, если это не вопрос жизни и смерти, их разговоры могут оставаться в секрете. Передайте основную мысль: вы хотите, чтобы она чувствовала поддержку и чтобы у нее были надежные заботливые люди, которым можно довериться. Вы понимаете и принимаете то, что ей не всегда удобно разговаривать с вами.

Упражнение «Составляем список группы поддержки»

Подумайте о трех людях, которым вы доверяете и к кому ваша дочь могла бы обратиться за поддержкой. Обсудите их с дочерью, а потом спросите их, готовы ли они предложить ей свою поддержку. Составьте список таких людей — имя, адрес, телефон, мобильный и электронную почту, и отдайте копию дочери. Некоторые родители включают этот список в семейную телефонную книгу.

Когда одной девочке-подростку предложили список таких людей, она рассказала:

Когда папа дал мне контактную информацию трех близких друзей семьи, я была смущена и сказала ему, что не нужно. Но он настаивал, и казалось, он действительно хотел, чтобы я могла поговорить с другими людьми, а не только с ним. Я ни с кем не связывалась в течение года и на самом деле думала, что никогда и не понадобится, но потом у меня появилась проблема, о которой я не хотела говорить с папой. Я написала письмо на почту одному из группы поддержки, и мы условились встретиться за кофе и поговорить. Я нервничала, но этот человек знал меня с детства и смог сделать так, чтобы я почувствовала себя действительно комфортно. Она помогла мне с выбором, не раздражаясь, и я ощутила настоящую поддержку. Папа заботился обо мне!

Соединяя свободу и развитие

Девочки-подростки лучше всего взаимодействуют с родителями, которые не являются ни строгими, ни все позволяющими. У таких родителей есть определенные ожидания, правила и принципы, однако они также общаются с дочерьми, чтобы скорректировать нереалистичные ожидания, допустить редкие или необходимые исключения и расширить границы свободы, по мере того как девочки становятся взрослее и ответственнее. Успешные родители учатся определять степень свободы разумно и правильно, учитывая возраст и зрелость дочери.

Мы все переживаем стрессовые моменты, когда наши дочери выдвигают требования, часто излагая их с большой страстью и настойчивостью, и о которых мы раньше не думали. Например, что вы думаете о девочках-подростках, посещающих вечеринки, где есть алкоголь? Что вы думаете о девочках-подростках, идущих на концерты без родителей? Что вы думаете о вашей дочери, разъезжающей по городу вечером в выходные? Что вы думаете о ее прогулках без определенного плана? (Девочки-подростки действительно устают от необходимости постоянно иметь четкий план.)

> *Девочки-подростки лучше всего взаимодействуют с родителями, которые не являются ни строгими, ни все позволяющими.*

Не строгие и не все позволяющие родители обычно пытаются вовлечь дочерей в обсуждения, направленные на анализ различных аспектов таких просьб. Девочки получают пользу, приобретая умение управлять своими чувствами в ходе обсуждений, когда они предоставляют необходимую информацию. Они также получают пользу от способности родителей помочь в решении проблем и составлении плана, так как подростки не всегда способны оценить возможные риски или проблемы при планировании. В общем, вместе с девочками-подростками может эволюционировать и их свобода.

Снова и снова напоминайте дочери, что ознакомление вас с ее планом и относящейся к нему информацией — часть процесса получения свободы. Девочки-подростки хотят то, что хотят, и это делает ознакомление с планом проблемой. Им требуется много усилий, чтобы снять напряжение и предоставлять необходимую информацию, не теряя контроля над собой. Так что будьте терпеливы и получайте удовольствие, помогая дочери вырабатывать способность справляться с сильными эмоциями, одновременно эффективно общаясь. Мы, взрослые, пользуемся этим навыком в своей повседневной жизни, так что знаем, насколько важно им овладеть!

Младшие девочки-подростки

Чтобы свобода и ее границы соответствовали уровню развития, родители начинают с оценки того, насколько зрелые личности их дочери. В общем, младшие подростки поступают менее осознанно, у них меньше жизненного опыта и суждений. Вы можете постепенно предлагать возможности для получения независимого опыта и оценивать, насколько хорошо ваш подросток способен самостоятельно справляться с такими ситуациями. Свобода может увеличиваться, когда ваш ребенок демонстрирует способность справляться с ними. Вы обе/оба учитесь по пути.

Составьте вместе с дочкой целостную картину, чтобы она видела, что ее успех создает больше возможностей для независимости. Когда она не забывает позвонить или

написать о себе или быть там, откуда вы договорились ее забрать, дайте ей знать, что ответственное поведение дает вам все бо́льшую уверенность в ее способности справиться с дальнейшим расширением свободы.

> *Покажите, что вы на ее стороне, дайте знать, что вы безумно желаете предоставить ей больше свободы и хотите работать над этим вместе с ней.*

По возможности отмечайте успехи вашей дочери. Добро приводит к большему добру: «Спасибо, что точно следовала нашему плану, Дани. Теперь я больше уверена, что скажу „да" в следующий раз» или «Твои подростковые годы будут счастливыми! Твой уровень ответственности и новые привилегии дают мне уверенность, что ты готова к ним». Позитивная связь, которую вы установили с дочерью, служит якорем любви во время этого периода растущей независимости.

Создание списка желаемых свобод для младших подростков

Родителям и младшим подросткам очень полезно обсуждать потенциальную свободу. Используйте следующее упражнение как способ инициировать обсуждение.

Упражнение «Расширение свободы — составление списка желаний»

Когда ваша дочь находится в раннем подростковом возрасте, найдите возможность составить вместе с ней список свобод, которые она хотела бы получить.

Возможно, ей понадобится ваша помощь в подборе идей. Поездка с подругой в кино, завтрак без взрослых, выполнение домашнего задания в кафе с подругой или самостоятельные путешествия по соседним районам — все это примеры вылазок, которые подростки ценят.

Если ваша дочь полна идей, помогите ей расставить их по порядку в соответствии с тем, что идет первым, а что должно быть позже. Покажите, что вы на ее стороне, давая понять, что вы в восторге от того, что у нее будет больше свободы и вы хотите работать над этим вместе с ней. Когда она видит ваше доброжелательное отношение, а не страх и сопротивление ее растущей независимости, то с ней будет легче найти общий язык, когда одна из ее просьб столкнется с неизбежным «нет». Она почувствует, что вы можете принять факт ее взросления.

Если она не чувствует, что вы принимаете ее развивающуюся независимость, она может раздвинуть границы втайне от вас. Ваша уверенность и доброжелательность к увеличивающейся независимости заряжают ее оптимизмом: вы верите, что она может справиться с независимостью. Если когда-то и будут совершаться ошибки или появляться проблемы, вместо того чтобы вернуть ее в начало пути, обсудите это с дочерью, чтобы извлечь из этого опыта полезные уроки.

Список о многом вам говорит

Вы можете кое-что понять о вашем подростке по тем пунктам, которые она включает в свой список желаний. Может быть, ваша дочь думает сразу масштабно, с большим энтузиазмом и аппетитом к жизни и независимости. Сделайте глубокий вдох и примите, что такой тип подростков доставляет как радость, так и проблемы. Хорошим посланием для вашего ребенка с рискованным

поведением будет: «Люблю твою страсть к жизни! Мы вместе поработаем над разумным и поэтапным расширением твоей независимости, хорошо?» Но так как она думает масштабно, вы поймете, что вам придется говорить «нет» чаще, что не принесет радости никому из вас. Верните ей уверенность, прояснив, что ее растущие независимость и свобода — пошаговый процесс. Она будет слышать «да» чаще, когда покажет, что способна справляться с небольшими «свободами», и когда станет старше!

Ваш ребенок может и не «участвовать» в рискованном поведении, и ей трудно определить желаемую свободу. Нет проблем! Позвольте ей подождать и найти собственный уровень комфорта. Некоторым девочкам нужно достаточно долго оставаться в гнезде, прежде чем совершить полет в одиночку. По мере того как ваша дочь будет взрослеть, вы оба начнете замечать больше целесообразных небольших свобод, которые могут ей подойти.

Ваша роль промежуточной границы

Младшим подросткам трудно сказать «нет» из-за боязни разочаровать друзей или других людей. Говорить «нет» — способ определить границу и выбрать то, что вы хотите или что вам нужно. Поскольку чувство принадлежности и принятия значит все для младших подростков, ответ «нет» провоцирует стресс, потому что вызывает страх отвержения. В то время как ваша дочь может легко сказать вам «нет», для нее естественно бороться за установление этих границ и с другими людьми в ее жизни.

Пока младшие подростки развивают силу и ясность мышления, для того чтобы самостоятельно устанавливать границы, они извлекают пользу из родительского желания служить «промежуточной границей». Например, подруга просит вашу дочку одолжить ее новые туфли. Дочь не знает, что ответить. Она хочет сказать «нет», но не уверена. Вот здесь вы и вступаете в игру: вы можете быть ее оправданием, ее «промежуточной границей». В результате она скажет что-то вроде: «Я хотела бы дать тебе эти туфли, но родители не разрешают мне отдавать обувь». Дайте ей понять, что она всегда может использовать вас как причину сказать «нет» — вы всегда поддержите ее.

Осмотрительность

С младшими подростками у вас будет много возможностей поработать над осмотрительностью. Сюда относится общение с родителями, которые присматривают за вечеринками, различной деятельностью или ночевками. Когда вы вникаете в основные социальные связи в жизни вашей дочери, у вас появляются возможности установить взаимное доверие с другими родителями, с которыми вы можете сотрудничать в создании четких границ. Осмотрительность также включает в себя ответ «нет» на план, связанный с рисками, которыми изобилует эта стадия развития вашей дочери. Например: «Прости, Ханна. Ты слишком юна, чтобы ехать с друзьями на автобусе в город и гулять там весь день. Ты сможешь это делать, когда станешь старше. Вот так мы с тобой расширяем свободу». Это намного лучше, чем: «Ты сошла с ума? Ни за что не поедешь в город со всеми этими придурками и гадами!»

Старшие девочки-подростки

По мере того как ваша дочь взрослеет, вы почувствуете ее способность принимать правильные решения. Можно надеяться, что вы увидите, как она справляется со своими обязанностями все лучше и лучше. Она будет казаться более взрослой, и ей будет легче разбираться с широким кругом взаимодействий в мире. Возможно, ее аппетит к свободе возрастет, когда она станет более защищенной

и уверенной. По мере расширения ее свободы подводите ваши разговоры к связанным с этим рискам.

Слишком часто родители передают чрезмерное беспокойство своим дочерям-подросткам. Чрезмерное беспокойство о безопасности вызывает у девочек тревогу и неуверенность, а не чувство защищенности! Родители могут думать, что их беспокойство вызвано любовью, но оно означает недоверие к миру и способности подростка ориентироваться в нем.

Или оно вызывает «локаут» родителей, рефлекторную стратегию, активирующуюся в некоторых девочках-подростках, которые считают родителей чрезмерно опекающими. «Локаут» родителей влечет за собой «срыв с цепи», чтобы заниматься разными вещами вне родительского поля зрения. Девочке-подростку родители кажутся настолько «удушающими» и опекающими, что ей необходимо полностью психологически отделиться от родителей, чтобы получить желаемую свободу. Парадоксально, но если бы всего опасающийся родитель был сдержаннее в своем поведении, девочка восприняла бы некоторые родительские замечания более внимательно и, возможно, была бы в большей безопасности.

Значительно больше преимуществ, когда родители демонстрируют свое доверие к миру и к своему ребенку. Пусть она знает, что ее умение управлять жизнью показывает вам, как она способна распоряжаться свободой.

Обсудите возможные риски в спокойной, информативной манере, не преувеличивая фактора страха. Дышите и наслаждайтесь растущей независимостью своей дочери. Есть что-то в том, чтобы наблюдать, как дочь самостоятельно уезжает из дома, это дает сильное чувство гордости, радости, восторга, грусти, и немного щемит сердце.

Если ваша дочь достаточно хорошо справляется с жизнью — школой, заданиями, заботой о себе и т. д. — чаще говорите «да»! Часто родители не оставляют жесткого руководства подростками, даже когда все говорит о том, что можно это сделать. Вполне возможно, что скоро ваша дочь будет жить самостоятельно, так что, если все системы вроде бы работают, дайте ей большую свободу в принятии решений.

Тренируйтесь говорить «нет»

По возможности мы хотим научить наших дочерей говорить «нет». Общество учит их быть приятными, и даже сильным девушкам может быть трудно сказать «нет».

> *Необходимо поощрять девушек доверять своей интуиции в той или иной ситуации, вместо того чтобы давать ответ, приятный всем окружающим.*

Вы даже можете давать ей информацию в форме забавной истории: «Знаешь, если я в кинотеатре, а рядом сидит тот, из-за кого я себя неуютно чувствую, я просто встаю и пересаживаюсь, не испытывая смущения и не извиняясь. Хочу, чтобы ты делала то же самое. Не волнуйся о том, что заденешь чьи-то чувства!» Или «Если у тебя на улице из-за кого-то появляется неприятное ощущение, поверь своему шестому чувству и действуй так, чтобы оказаться в безопасности». За этим может последовать обсуждение и отработка различных способов повысить уровень безопасности: например, покинуть небезопасное место, зайти в магазин, криком попросить о помощи, пойти туда, где больше людей, обратиться за помощью к безопасному человеку (например, к маме с детьми), попросить проводить до машины ночью, позвонить в поисках поддержки и т.д. Так как девочки-подростки не склонны придавать слишком большое значение страху, чтение книг или посещение занятий по личной безопасности помогут им стать увереннее. Мы можем полностью поддерживать их, в чем

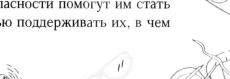

бы они ни нуждались для защиты, когда их интуиция предупреждает, что они не в безопасности.

В общем, в поздние подростковые годы девочки развивают способность защищать себя. У них было много возможностей продемонстрировать, насколько хорошо они справлялись с предоставленной свободой, работали над планами и уважали семейные правила. Конечно, многие девочки — младше или старше — попадают на ухабы на дороге.

Преодолевая ухабы

Если ваша дочь попадает на ухабы, двигаясь по небезопасной дороге, сохраняйте с ней добрые отношения. Родители, которые слишком сильно давят на дочь-подростка, если у нее что-то не удалось, часто оставляют ее с ощущением травмы и отчуждения. Чтобы справиться с чувством эмоциональной экстрадиции, она может вести себя так, будто ей все безразлично. Что еще опаснее, она может переживать чувство глубокого стыда или гнева, которые переходят в повышенное рискованное поведение.

Родительские комментарии типа «Я тебя не узнаю», «Я так разочарована в тебе», «Как ты могла так со мной поступить?», «Как я могу тебе снова доверять?» могут оказать слишком сильное давление на девочку. Они вызывают чувство стыда и совершенно не способствуют тому, чтобы научить или заставить подумать. Из-за того, что девочки-подростки так хотят нравиться и чувствовать себя любимыми и принимаемыми, какими бы отстраненными они ни казались, избегайте реакций, которые разрушают, стыдят и отдаляют.

Так что же из этого следует? Возвращение домой в пьяном виде, тайные встречи с мальчиком, ложь о том, где она, и другие «ошибки» все еще являются идеальной возможностью рассмотреть ситуацию в целом вместе с девочкой-подростком. Подождите, пока все не уляжется и вместо того, чтобы «опустить молот», подойдите к дочери и проанализируйте ее поведение. Если вы более любопытны и заинтересованы, чем злы, она поделится с вами своими мыслями и чувствами и даже позволит высказать несколько идей, о которых она не подумала. Например, «Нам нужно поговорить о твоем приходе домой вчера ночью в пьяном виде. Меня беспокоит, что ты решила выпить и что ты можешь сделать в таком состоянии. Но больше всего я хочу, чтобы ты знала, что я люблю тебя и хочу поддержать в том, что в последнее время происходит в твоей жизни».

Такие разговоры с подростками могут способствовать сближению. Чувствуя любовь к себе, девочки-подростки часто растроганны и испытывают облегчение, подпустив родителей к себе. Девочка-подросток должна видеть, что родители заботятся больше о ней, чем о ее поведении, так что родителю нужно тщательно себя контролировать: «Я понимаю, тебе может быть сложно об этом говорить, потому что ты классный ребенок и хороший человек, и тебе не нравится ощущение, что ты попала в неприятную ситуацию. Я не ставлю своей целью наказать тебя. Я хочу тебя поддержать и помочь со всем разобраться!» Или «Знаешь, милая, то, что мы сейчас об этом разговариваем, не значит, что я перестану тебя уважать или забуду, кто ты вне этого инцидента. Я умею трезво оценивать ситуацию. Мы можем поговорить об этом так, чтобы ты не ощущала, что все хорошее в тебе или в наших отношениях было уничтожено. Я знаю, как видеть общую картину, даже когда детали огорчают».

Иногда вам нужно притворяться, пока вы не справитесь с этим как родитель. На самом деле вы можете не ощущать того спокойствия, которое демонстрируете, и это нормально. Справляйтесь со своими чувствами и со-

здавайте безопасное окружение для своей дочери. В результате сохранение ваших отношений в конечном счете успокоит и вас, и вашу дочь.

Дом как свободная зона

Для девочек-подростков полезно, когда их дом служит *свободной* зоной. Я имею в виду свободной от давления и вечеринок, наркотиков и секса. Родители, считающие, что «лучше дома, чем где-то в другом месте», непреднамеренно создают такую большую свободу для поведения, что многие девочки возмущаются, если эта свобода потом ограничивается. Дом больше не может оставаться безопасным местом, когда он перестает быть свободной зоной, где девочка может укрыться. Я никогда не видела, чтобы разрешение родителей употреблять наркотики и заниматься сексом дома положительно повлияло на девочку-подростка. Однако я часто видела, как это вредит девочкам. Когда нет барьеров, девочки-подростки оказываются с головой втянутыми в поведение и деятельность, которые нарушают их здоровое, сбалансированное развитие.

Что из этого следует? Прежде чем девочки-подростки разовьют четкое понимание ценностей и границ, эти границы охраняют родители. Вы не можете оградить свою дочь от всех мест и ситуаций, где ее поведение будет опасным. Однако вы можете сделать свой дом свободной зоной дочери.

Еще подсказки для поддержки правильных решений

Если говорить о воспитании девочек-подростков, то чем больше вы их поддерживаете в поисках правильного решения, тем лучше. Вот несколько подсказок.

Высказывайте свои ожидания и напоминайте. Ясно говорите вашей дочери о рискованном поведении. Пусть она знает, что чем позже начнет заниматься сексом, употреблять алкоголь или пробовать наркотики, тем лучше для ее умственного развития и других аспектов жизнедеятельности. Если она планирует привести друзей ночевать, не бойтесь напоминать: «Милая, мы знаем, что наш дом — свободная зона, без наркотиков и алкоголя. Убедись, что и твои друзья это понимают».

Отличайте опасное экспериментирование от обычного. Есть две общие причины экспериментирования с вечеринками и сексом. Обычно экспериментирующие подростки ищут веселья, развивают свою индивидуальность и отношения и пробуют новые типы поведения. Их эксперименты часто минимально негативно влияют на их жизнь (общественную, семейную, физическую и эмоциональную). Более проблематично то, что некоторых девочек-подростков к сексу, наркотикам и алкоголю толкают эмоциональная боль и/или травма. В этом случае они занимаются сексом или пробуют наркотики, делая опрометчивый и импульсивный выбор, и вскоре это подвергает их опасности.

Настораживающими сигналами могут быть стремление к крайностям и изменение поведения, внезапная и сильная ярость по отношению к родителям или старым друзьям, возвращение домой в нетрезвом виде или в состоянии наркотического опьянения, инфекции мочевого пузыря и

другие заболевания, передающиеся половым путем, отказ идти в школу или общая отчужденность. В ситуациях, связанных с высоким риском, многие родители и подростки обращаются за помощью к специалистам. Психотерапевт способен распознать чувства, усиливающие такое поведение, их можно обсудить и поработать над ними. Членам семьи помогут спланировать пути возвращения девочки-подростка в безопасную зону. Частью плана могут быть следующие моменты.

Делитесь новостями. Ежедневные новости регулярно описывают последствия рискованного поведения в реальной жизни. Ваша дочь также может узнать о конкретных примерах из жизни вашей семьи или вашего окружения. По возможности открыто обсуждайте эти ситуации и в случае необходимости обеспечивайте поддержкой и информацией.

Приятное времяпрепровождение. Даже если ваша дочь делает выбор, который вас беспокоит, есть смысл хорошо проводить время вместе. Вы можете ясно дать понять, что ее поведение неприемлемо, и даже объяснить последствия, не обдавая ее эмоциональным холодом.

Проверки. Многие девочки-подростки ежедневно проводят долгие часы в одиночестве. Слишком продолжительное одиночество открывает дверь, через которую ваша дочь может ускользнуть. Поддерживайте с ней связь, говорите ей, когда она должна позвонить или написать, убедитесь, что она каждый день знает, где и когда ей нужно быть. Еще лучше, если вы убедитесь, что у нее есть важная деятельность, на которую можно потратить время в одиночестве. Следите за ней на ухабистом пути, но с любовью, а не наказывая.

Всем дочерям нужна любовь. Если ваша дочь отправилась на неизведанную территорию, ей еще больше, чем обычно, нужен знак вашей неизменной любви.

7.

Спасение от стресса, связанного с достижением успеха

Девочки-подростки больше, чем раньше, находятся под влиянием стресса, связанного с учебой. Усиление этого давления вызвано влиянием многих факторов: нестабильность национальной экономики, финансовая зависимость образовательной системы, существенное увеличение конкурса в колледжи, широкие возможности и необходимость посещать занятия с углубленным изучением предметов в старшей школе, страх, что плохая учеба не позволит получить стипендию. Неудивительно, что при подобном давлении такие связанные со стрессом проблемы, как расстройство пищевого поведения, саморанение, тревожность и депрессия в наши дни все сильнее мучают девочек-подростков. Также неудивительно, что наши подростки, чей график перегружен, страдают от эмоциональной боли, вызванной ощущением пустоты, своей незначительности, гневом и потерей радости. То, что на вашу дочь влияет стресс, связанный с достижением результатов, можно узнать по некоторым из нижеперечисленных симптомов.

Вы можете заметить:

Ее самооценка в основном зависит от достижений.

- Все ее дела включают значительную составляющую достижения/демонстрации успеха.
- Большую часть времени ваша дочь выглядит недовольной.
- Она много переживает из-за оценок и результатов.
- Ей требуется много сахара или кофеина.
- В ней ощущается постоянно кипящий гнев, часто или время от времени вырывающийся наружу.
- Она жалуется на бессонницу, головные боли или боль в животе.
- У нее прорываются рыдания, вызванные стрессом.
- Она часто раздражается и, похоже, не знает, как с этим справиться.
- Она редко весела и радостна.

Это длинный список, но я написала его быстро, потому что каждый день у себя на работе вижу подростков с одним или несколькими такими симптомами. Некоторые хотят убедить себя и меня, что их устраивает немилосердное расписание и что они стараются, потому что хотят этого. Остальные ясно говорят, что в их жизни слишком много стресса из-за давления, которое они испытывают со стороны родителей, себя самих и внешних факторов.

Эта глава поможет вам двумя способами справиться со стрессом вашей дочери, связанным с достижением результатов.

1. Вы можете обеспечить здоровое сбалансированное развитие дочери, поняв разницу между тем, что является здоровым, а что нет.
2. Вы можете определить, поднимаете вы уровень ее стресса или нет. Если да, вы получите варианты изменения своего поведения.

Стресс

В своей книге *Stressed-Out Girls* (2006) Рони Коэн-Сэндлер отмечает, что девушки в большей степени, чем юноши, подвержены стрессу, связанному с достижением результатов. Почему? Девочки часто верят, что быть успешными — значит быть выдающимися в каждой сфере жизни: учебной, общественной, внеклассной, а также в том, что касается внешности. Мальчики рассматривают старшие классы как способ достижения чего-либо, тогда как девочки, скорее, измеряют свой успех и ценность на основании того, что происходит в общественной, эмоциональной и учебной сферах каждый день! Разочарования, от которых мальчики просто отмахиваются, девочки принимают близко к сердцу. И какова глазировка этого «пирога»? Девочки прячут свой стресс. Они преуменьшают и прячут свои страдания, чтобы сохранить самостоятельность, не огорчать и не беспокоить родителей и избежать как их вмешательства, так и его последствий (Коэн-Сэндлер 2006). Одна девушка так сказала о своем беспокойстве: «Я хочу больше рассказать маме о том, что происходит в моей жизни, но ее вовлечение лишь усилит мой стресс».

Как родитель, вы знаете, что стресс, связанный с достижением результатов вашей дочерью, влияет не только на нее. Родители, и даже братья и сестры, ощущают себя в мчащемся поезде обязательств. Семейные вечера, выходные и даже каникулы испорчены заданными проектами, подготовкой к тестированию, домашними заданиями, спортивными занятиями, танцами и музыкальными репетициями. Учитывая насыщенность графика, эффективное управление календарем становится жизненно важным для семьи. Пока семьи борются за то, чтобы не сойти с пути, родители поглощены помощью подросткам в составлении графика, подготовке к поступлению в колледж, они подвозят детей в школу, занимаются организацией всего

необходимого, дополнительными занятиями и тренировками, приготовлением завтрака и поездками по городу и за город.

Зона опасности

Так как девочки-подростки все еще осваивают способы борьбы со стрессом, они часто закрываются, взрываются, проявляют другие симптомы (наркотики, алкоголь, склонность к причинению себе вреда, стремление уйти от реальности, физические болезни). Их личность и чувство собственной значимости могут быть опасно связаны с достижением результатов. Беспрестанный стресс от учебы вместе с нехваткой сна, неправильным развитием личности и страхом, что их значимость определяется оценками, делает некоторых девочек склонными к суицидальным мыслям и поведению. Как сказала одна пятнадцатилетняя девушка: «Я не уверена, зачем это сделала. Теперь это кажется глупым, но в то время я ощущала ужасное давление и усталость и нуждалась в облегчении. Поэтому я съела упаковку тайленола и оказалась в больнице. В то время этот вариант казался приемлемым. Я не могла думать о чем-либо, помимо стресса и боязни всех разочаровать».

Родители этой девочки-подростка были поражены попыткой самоубийства. Они признали, что в семейных разговорах слишком много внимания уделялось школьной успеваемости и поступлению в колледж. Они просмотрели ее хроническую бессонницу, долгие часы, которые она проводила за выполнением школьных заданий в своей комнате, недостаточную физическую активность, ее пристрастие к сахару и кофеину и постоянное уныние. Если бы ее родителям дали список поведенческих симптомов, приведенный выше, они могли бы заметить, что их дочь в опасности. У родителей были добрые намерения, и им казалось, что ее борьба естественна, неизбежна и даже необходима как подготовка к успешной жизни.

Одна шестнадцатилетняя девушка боролась со стрессом другим способом. Эту излучающую свет, добивающуюся высоких достижений девочку отправили к психотерапевту, когда родители стали чрезвычайно беспокоиться о ее пристрастии к выпивке. Она испытывала сильное давление со стороны отца, который злился, когда она получала четверку с плюсом в отчете о школьной успеваемости. Это давление и ее вера в то, что любовь родителей зависит от успешной учебы, вызывали чувство боли и обиды. Отцом руководили благие намерения, и он был уверен, что таким образом обеспечит яркой и талантливой дочери светлое будущее. Вместо этого талантливая девочка успокаивала гнев и боль вечеринками и мечтами переехать подальше от отца.

Такие родители, как отец этой девушки, хотят сделать все возможное для своего ребенка. Культура, кричащая: «ТОЛЬКО УГЛУБЛЕННОЕ ИЗУЧЕНИЕ ПРЕДМЕТОВ И СПЛОШНЫЕ ПЯТЕРКИ ЯВЛЯЮТСЯ ДОСТОЙНЫМ РЕЗУЛЬТАТОМ! НА КОНУ ВАШЕ БУДУЩЕЕ!», погружает родителей в страх, который движет нездоровым стремлением к результату. Конечно, они замечают, что дочь кажется тревожной и безрадостной, но так и должно быть, да? Неправильно.

Здоровое достижение результатов vs нездоровое достижение результатов

Здоровое достижение результатов мотивируется и поддерживается естественным и искренним желанием учиться и стараться. Здоровые целеустремленные люди гордятся своими успехами и получают удовольствие от разнообразия интересов и деятельности. Они принимают тот факт, что не каждый тест, доклад или проект оценивается на

пятерку, и ими, скорее, движут внутренний интерес, увлеченность и творчество, а не внешняя оценка, одобрение и принятие. В своих замыслах и усилиях они рискнут выйти за рамки, потому что ими владеет жажда приключений и им очень нравится то, над чем они работают, даже если не получают за это пятерку с плюсом. Хотя активные, целеустремленные люди получают удовольствие от хороших оценок, их самооценка зависит не только от этого. У них есть время *просто жить сейчас*. Они могут веселиться, радоваться, заниматься творчеством и смотреть в будущее.

В противовес этому *нездоровая целеустрелиленность* предполагает чрезвычайное совершенство выполненной работы, чтобы казаться достаточно хорошим самому себе и/или учителям, родителям и/или сверстникам. Люди с нездоровой целеустремленностью верят, что к успеху ведут только несколько путей и что жизнь — это колоссальная конкуренция, чтобы попасть на один из них. Этим девочкам в прошлом, возможно, и нравилась учеба, но они потеряли любовь к обучению, ради того чтобы избежать неудачи. Сталкиваясь с жесткой конкуренцией при поступлении в колледж, они рассматривают все оценки, кроме «отлично», как провал.

> *В нездоровом стремлении избежать неудачи подростки потеряли любовь к обучению.*

К несчастью, люди с нездоровой целеустремленностью должны постоянно чего-то достигать, выполнять что-то, чтобы сохранить чувство самоуважения, и соблюдать строгий распорядок заданий. Некоторые подростки рассматривают обман как разумное и необходимое поведение, поскольку в учебе сконцентрированы на оценках вместо самого обучения, развития или формирования ин-

тереса. Нездоровые целеустремленные люди часто слишком сосредоточены на будущем и имеют поверхностное представление о том, что такое успех.

Что такое здоровое, сбалансированное развитие

Девочки-подростки должны учиться, расти и развиваться по нескольким направлениям. Представьте развитие подростка в виде руки, каждый палец которой символизирует путь развития. Например, большой палец означает здоровую целеустремленность, рядом с ним будет развитие эмоциональное, социальное, развитие жизненных навыков и физическое. Каждое из этих направлений отличается индивидуальными характеристиками. Например, физическое развитие включает потребность девочки-подростка в нормальном сне, упражнениях и хорошем питании. Развитие жизненных навыков предполагает формирование умения управлять бюджетом, своим расписанием, опрятным внешним видом, встречами и уходом за домашними питомцами. Конечно, у разных семей разные ожидания, но основная идея заключается в том, что родители готовят и ведут девочек-подростков к дальнейшему развитию и способности вести себя ответственно в различных сферах, и это поддержит их в активной взрослой жизни.

Теперь подключите свою вторую руку, чтобы обозначить дополнительные пути развития, такие как духовность, поведение в обществе, семья, музыка и искусство. Поскольку интересы и ценности меняются от человека к человеку, от семьи к семье, пути развития также могут различаться.

В детско-дружеской, сбалансированно-осознанной реальности вам и вашей дочери (так же как и в нашей системе культуры и образования) все эти пути развития

покажутся ценными и синергичными. Мы будем оценивать ученицу, получающую четверки, любящую музыку и заботящуюся об уличных кошках, так же, как оценивали бы средний балл 4,3 ученицы, которая загружает себя сложными углубленными курсами. Развитие хороших, крепких навыков преодоления трудностей и сохранение времени для игры, творчества, а также вклад в семью и общество будут так же значительны, как и оценка «5» по углубленным курсам физики и за тестирование. Вместо того чтобы похоронить себя в домашних заданиях после долгого учебного дня, девочка может прийти домой и расслабиться, занявшись рисованием, чтением для удовольствия, прогулкой с собакой, помощью родителям в приготовлении ужина, а потом выполнить разумный объем самых важных школьных заданий, которые должны расширить и закрепить ее знания в этот день.

Но мы не живем в дружеской по отношению к детям, сбалансированно-осознанной реальности. Если вы хотите, чтобы у ребенка был здоровый баланс, вы должны создать его и защищать. Учителя и тренеры, которые сражаются с собственными проблемами, не сделают это за вас или вашу дочь. В современной действительности естественно воспринимается то, что девочки-подростки должны жертвовать собой и полностью отказываться от детства, чтобы достичь успеха и результатов.

Одностороннее развитие

В моей частной практике большинство клиентов-подростков — чрезвычайно целеустремленные люди. Некоторые сами приходят на прием, другие — потому что их родители понимают, что дочери не хватает ключевых навыков решения проблем.

Хорошо, если я встречаю девочек-подростков, когда они учатся еще в десятом классе. К несчастью, многие

девочки обращаются за помощью только летом, перед поступлением в колледж, или после того, как у них происходит срыв или они выгорают в колледже. На этих последних этапах развития родители очень обеспокоены. Раньше они замечали недостатки эмоционального развития, но продолжали думать, что в какой-то момент это исправится. Этого не произошло, потому что у дочери не было времени на нормальное эмоциональное развитие.

За последние пять лет я обнаружила новую тенденцию. Выпускники колледжа, очень целеустремленные ученики престижных школ, заходят к психотерапевту подавленными и злыми. Эти молодые женщины говорят, что сделали все правильно, перепрыгнули через всевозможные барьеры достижений, только для того, чтобы остаться без работы или на неполной занятости в условиях плохой экономики, с их обеспокоенными родителями, которые оплачивают терапию и кредиты за обучение. Многие из этих молодых женщин притупляют свои чувства боли, утраты и волнения наркотиками и алкоголем. Так как многие из них упустили радость, которая должна была прийти в подростковом возрасте, они пытаются компенсировать те годы поздними ночными вечеринками. Во время терапии им приходится сожалеть о детских годах, которыми они пожертвовали ради достижений. В 20–36 лет они эмоционально, творчески и духовно потеряны или недостаточно развиты.

Тогда и сейчас: как мы сюда попали?

Что изменилось с тех пор, как родители учились в старших классах? Много чего! Многие из девочек-подростков смеются из-за средней оценки «4», которая была золотым стандартом, когда их родители были школьниками. Углубленные занятия, которые требуют времени, усилий и оказывают сильное давление, расширяют оце-

ночную шкалу до «5», позволяя девушкам окончить школу со средней оценкой выше «4».

Когда родители были старшеклассниками, они начинали серьезно задумываться о колледже в одиннадцатом классе. Теперь это не так. Поговорите с ученицей средней школы, и вы поймете, что она уже ощущает напряжение из-за всего того, что ей предстоит сделать, чтобы поступить в колледж. Ее растерянность может быть частично вызвана тем, что она наблюдала в своей компании и, возможно, в своей семье. Многие образованные и подготовленные специалисты, у которых была работа, обеспечивавшая определенный уровень финансовой безопасности, теперь оказываются уволенными по сокращению штатов или безработными. Ученики ощущают напряжение от необходимости достичь высоких результатов в учебе, чтобы конкурировать в условиях нестабильной экономики, и делать это они должны в школе, где уменьшение бюджетного финансирования означает сокращение выбора учебных курсов, большую наполняемость класса, большую длительность обучения в колледже и уменьшение числа учителей или вспомогательного персонала.

Уже в детском саду от пятилетних детей ожидают успешного выполнения учебных заданий, которые их родители выполняли во втором классе. Один педагог, проработавший в системе государственного образования более тридцати лет, поделился своими наблюдениями.

Недавно я провел три дня, замещая воспитателя в детском саду. Больше я не вынес. Радостная, необходимая для развития атмосфера, которая была здесь всего несколько лет назад, исчезла. В классе больше не было больших мольбертов. На стенах не было детских работ. Дети не знали песен и игр. Вместо игрового обучения они должны были сидеть за столами в течение долгих занятий, выполняя задачи по математике, которых даже понять не могли. Чтение и письмо были такими же. Не один ребенок расплакался от растерянности.

Хорошие новости: вызов успехам

Стэнфордская организация *Challenge Success* — группа экспертов, которая подготовила проекты по исследованию и оперативному вмешательству, направленные на создание в школе более здоровой атмосферы для учеников. На конференциях, куда часто приходят родители и работники образования, специалисты доводят до общественного сознания опасность чрезмерной учебной нагрузки и узкого понимания успеха. Целью *Challenge Success* является работа со школами, чтобы улучшать заботу о здоровье, процесс обучения и целостность через такие изменения, как:

- создание оптимальных принципов планирования домашнего задания;
- повышение рациональности и значимости домашних заданий;
- создание новой практики оценивания;
- введение изменений в школьное расписание, чтобы у учеников стало больше времени на интегрирование и осознание учебного материала.

В 2008 году на конференции *Challenge Success* ее основательница Денис Поуп заявила, что ирония подобного активного «натаскивания» детей в том, что сегодня мир бизнеса часто считает оценки колледжа недостаточными, чтобы отвечать нуждам глобальной экономики. Им не хватает креативности, лидерского духа, способности адаптироваться и сильных коммуникативных навыков. Жесткий акцент, сделанный на академическую успеваемость, не помогает ни учащемуся, ни трудовому коллективу (Pope 2008). В действительности логично, что сгоревшие,

бесстрастные, прыгающие через кольцо успеваемости люди не смогут привнести новизну и жизненную силу в динамичную глобальную экономику. Больше информации о программах и исследованиях *Challenge Success* доступно на сайте challengesuccess.org.

Вы вносите вклад в стресс вашего подростка?

Являетесь ли вы фактором стресса, связанным с достижением успеха вашей дочерью? В то время как многие люди с нездоровой целеустремленностью заявляют, что ими движет собственное желание, часто они подсознательно поглощали и усваивали сообщения родителей, сверстников, строгой образовательной среды или сверхцелеустремленных брата или сестры. (Если у вас на машине есть эмблема Стэнфорда, вам не придется говорить своей дочери, что вы ожидаете от нее поступления в Стэнфорд, чтобы она почувствовала давление.) Даже если у девочки-подростка совсем иные склонности и интересы, чем у брата или сестры (или родителя), она может стараться соответствовать последним.

Родители иногда осознают, что давят на дочерей, но это необходимо для достижения успеха. Другие родители не осознают, что оказывают давление и устанавливают строгие ожидания. Они поражены, когда их раздраженные дочери «уходят в подполье» и прибегают к рискованным моделям поведения, чтобы выразить и вытеснить свое раздражение и/или заглушить боль.

Если на вас повлияла культура страха, движущая нездоровой целеустремленностью, вы можете заметить у себя следующие симптомы. Вы:

- часто беспокоитесь о том, чтобы ваша дочь попала в «правильный» колледж?
- больше спрашиваете ее об оценках, а не о том, что она учит и что думает и чувствует по поводу того, что изучает?
- подкупаете ее, чтобы получить хорошие оценки?
- закрываете глаза на то, что она мало спит или у нее мало свободного времени, потому что верите, что нет другого выбора?
- спрашиваете: «Тебе удалось?», «Какие оценки ты получила?..» или «Как ты сдала?» вместо того, чтобы попросить ее рассказать об этом?

Упражнение «Поддержка здорового развития»

Если вы узнаете себя в любом из вышеперечисленных типов поведения, можете внести изменения, которые пойдут на пользу здоровому развитию вашей дочери. Например, одна мама решила перестать проверять оценки дочери онлайн. Вместо этого она сказала ей, что оценки ее устраивают и она готова оказать дочери любую требующуюся поддержку.

Вы являетесь фактором стресса вашей дочери, связанным с достижением результатов? Есть ли что-то, что вы хотели бы изменить?

Что бы вы хотели вместо этого сделать?

Какой результат вы хотите видеть?

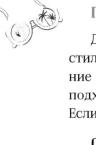

Передача здоровых сообщений

Девочки-подростки усваивают больше сообщений и стилей поведения, чем это показывают. Оказывает влияние то, что мы передаем прямо и косвенно. Посмотрите, подходят ли вам некоторые из следующих сообщений. Если да, попробуйте передать их дочери.

Оценки не определяют ценности. Один родитель подсказал своей дочери мантру, которую нужно повторять при стрессе: «Я — это не моя оценка». Другой родитель облегчил тяжесть стресса дочери, напомнив ей и поддержав в том, чтобы больше сосредоточиться на процессе подготовки, чем на оценке.

Цель старших классов — научиться развиваться как личности. Помогите вашей дочери достичь понимания этого, сказав, что вы цените ее открытость и интерес к различным темам и деятельности. Это показывает ей, что для вас и для мира она нечто большее, чем набор оценок и достижений.

Вы цените ее попытки больше, чем оценки. Когда вы в большей степени комментируете ее усилия, чем результаты работы, то поддерживаете ее в ориентации на процесс, а не на результат. Она должна знать, что как бы упорно ни работала, она не может успешно справляться с каждым тестом и заданием, и это нормально. Вот несколько примеров:

- Комментарий результата: «Какую оценку ты получила по тому заданию?»
- Комментарий процесса: «Ты действительно творчески подходишь к этому заданию?»
- Комментарий результата: «Какое место ты заняла в волейбольном турнире?»

- Комментарий процесса: «Расскажи мне о волейбольном турнире».
- Подросток рассказывает: «Мама! Мой тест по испанскому был такой сложный и неправильный! В нем был материал, который мы даже еще не изучали!»
- Ответ мамы, комментирующей процесс: «Я видела, как ты вкладывала силы в это занятие, и думаю, что можешь гордиться своими попытками. К тому же твой испанский становится все лучше и лучше».

Вы рады тому, что она узнаёт больше о мире и своем месте в нем. Попросите ее поделиться чем-то из изученного. Проявите интерес к ее учебе, а не только к ее оценкам.

Хороших колледжей много, а не один. Если она настроилась на несколько самых престижных колледжей, дайте ей понять, что важнее, как она распорядится временем в колледже, чем то, какой из них выберет. Если она в одиннадцатом классе, посмотрите на сайте *College Board* (www.collegeboard.org) информацию о колледжах. Вы также можете посетить с дочерью разные кампусы. Вы больше узнаете о колледжах, и дочь увидит, что за пределами школы есть жизнь. Возможно, вы также получите приятные воспоминания, пока будете собирать информацию, а она будет представлять себя в колледже!

Смешно ожидать, что кто-то может быть успешен абсолютно во всем. Поддерживайте непочтительность вашей дочери к этой удушающей точке зрения. В какой-то момент большинство родителей перестают беспокоиться по поводу успеваемости и начинают уделять больше внимания ее самооценке. Это действительно освобождает. Поделитесь своей мудростью.

Честность, доброта, сострадание (добавьте свой вариант) — это те характеристики, которые вы высоко цените. Жить и любить жизнь важно. Внесите эти ценности в ежедневные разговоры. Ваша дочь-подросток прислушивается к вам больше, чем вы думаете. Если вы цените чувство юмора и восхищаетесь людьми, которые живут настоящим, а не собственными фантазиями, поделитесь этими ценностями с вашей дочерью. Будьте для нее примером настоящей жизни, полной любви.

Иногда вы тянетесь к чему-то, не получаете этого и оказываетесь с чем-то еще лучшим. Иногда разочарование становится большим подарком. Иногда жизнь припасает для нас больше, чем мы себе планируем. Есть ли у вас история, которой вы можете поделиться с дочерью, о том, как одна дверь закрылась, а другая открылась? Кем бы вы ни были и как бы усиленно ни работали, вы получите неожиданный результат благодаря не зависящим от вас факторам, и это часть волшебства жизни.

Предсказывайте будущий успех вашей дочери. Девочки-подростки краснеют от таких комментариев, как: «О боже, Бринн! Как ты будешь успевать в колледже, когда и сейчас-то ты не можешь справиться со своими заданиями!» Предсказывайте успех: «В какой бы колледж ты ни поступила, ты будешь там успешна! Ты становишься все более компетентной и самостоятельной».

Скажите вашей дочери, что вы любите ее, что бы ни случилось. Девочки-подростки наслаждаются теплотой этого сообщения, даже если кажется, что они от него отмахиваются. Оно особенно значимо, если они чувствуют, что родители действительно любят их такими, какие они есть, а не только за достижения. Как сказала с гордостью одна дочь, широко улыбаясь: «Мама думает, что я самый веселый человек на земле. Я могу заставить ее смеяться, даже когда она злится на меня».

> *Будьте для вашей дочери примером настоящей жизни, полной любви.*

Подключаем свою дочь: проверка стресса, связанного с достижением успеха

Надеюсь, что теперь вы больше осведомлены о стрессе, связанном с достижением успеха, и как он может повлиять на вашу дочь. Теперь у вас есть идеи, как думать, общаться и вести себя по-другому. Проведем быструю проверку, чтобы понять, что вы делаете и на чем сосредоточиться.

Скажите своей дочери, что хотите ее поддержать и помочь уменьшить стресс, который она испытывает из-за успеваемости, обсудив его. Попросите ее ответить на пять коротких вопросов и помочь вам определить свою роль. Убедитесь, что она понимает: вы не будете спорить с ней по поводу ее ответов. Вы просто используете иформацию, чтобы лучше понять свою роль в ее стрессе, связанном с успеваемостью.

1. Я ощущаю сильное давление от родителя/родителей по поводу получения хороших оценок.
2. Я чувствую, что родители хотят, чтобы я старалась изо всех сил, но они ведут себя разумно и поддерживают меня.
3. Я чувствую, что оценки ниже, чем «отлично», огорчат моих родителя/родителей.

4. Я чувствую, что родители больше заботятся обо мне как о личности, чем как о целеустремленном человеке.

5. Я чувствую, что родители любят меня, несмотря ни на что.

Неважно, что вы узнаете из этого эксперимента, поблагодарите дочь за сотрудничество и используйте отзывы, что внести полезные изменения.

Разговоры с обратной связью

Если время кажется подходящим и ваша дочь открыта к общению, спросите, что ей хотелось бы, чтобы вы делали иначе. Чтобы ее открытость стала для вас хорошим опытом:

- слушайте сердцем;
- подтверждайте то, чем она делится;
- принимайте ее слова, как золотые слитки, цените их и относитесь к ним серьезно.

Пример того, что надо делать: «Я вижу, мои постоянные напоминания ты воспринимаешь как ворчание».

Пока вы слушаете, в любом случае:

- не портите все, нападая на нее или защищаясь;
- не оправдывайтесь и не извиняйтесь;
- не превращайте разговор в свой монолог и не уводите его в другое русло.

Пример того, что не надо делать: «Ты думаешь, я слишком давлю, но если бы ты более ответственно распоряжалась своим временем, я могла бы отступить. Нам в действительности надо поговорить о...» Такие комментарии сводят девочек-подростков с ума, потому что они считают, что родитель не слушает и не понимает. Если она видит, что вы негативно реагируете на ее репли-

Дочь-подросток

ки, ваши отношения пострадают, потому что она будет воздерживаться от комментариев в будущем. Когда вы удачно реагируете на ее ответы, то становитесь примером открытости, укрепляете близость и доверие и превращаете информацию в новое поведение. Ваша дочь приобретает полезный опыт, потому что ее выслушали, и это создает ощущение уверенности и позитивного самосознания — это очень важно для нее, когда она движется к своей взрослой жизни.

Вот как один подросток и его мама провели обсуждение.

Роза: Ладно. Ты хочешь знать, что, на мой взгляд, ты можешь делать по-другому. Ну первое, о чем ты спросила меня сегодня после школы: раздали ли нам тесты по химии. Такой вопрос — стресс для меня! Я и так уже в стрессе, а это все только усиливает. А ты все время спрашиваешь об экзаменах. Я все еще отхожу от последнего раза.

Родитель: Понимаю, что мои вопросы так на тебя влияют. Что бы ты хотела, чтобы я сделала иначе в следующий раз?

Роза: Просто доверяй мне. Я стараюсь изо всех сил. Иногда я действительно усердно занимаюсь, но тест сумасшедший, а учитель спрашивает то, что мы еще не проходили! Какой бы ни была оценка, ты о ней в конце концов узнаешь. Может быть, я не хочу говорить об этом прямо сейчас. И я знаю, что мне придется снова сдавать экзамен. Я сама справлюсь.

Родитель: Понимаю. И тебе не нужен стресс еще и из-за меня. Я постараюсь внимательнее относиться к тому, что случайно могу вызвать стресс. Я попытаюсь верить, что ты стараешься изо всех сил, и перестану спрашивать и напоминать. Я также верю, что ты сообщишь мне, если будет нужна дополнительная

поддержка. Спасибо, что была готова помочь мне. Как и ты, с некоторыми вещами в жизни я все еще продолжаю разбираться.

Получение помощи из-за рискованного поведения

Если вы подозреваете, что дочь занимается самоистязанием, перееданием, чисткой организма, голоданием, изнурительными упражнениями, употреблением алкоголя или наркотиков, воровством в магазинах или участвует в других опасных типах поведения, *ищите помощи*. Таким поведением она пытается регулировать эмоциональную бурю. Многие типы такого поведения очень *действенны*, это значит, что они работают, помогая ей снять стресс или притупить страдания. Ваша дочь может научиться другим и лучшим способам решения проблем, и важно, чтобы она научилась этому сейчас. Ее образ жизни также следует восстановить. Это благоприятно скажется на ее здоровом развитии. Ей нужно думать не «*должна* сделать», а, скорее, «*следовало бы*», чтобы она почувствовала, что ее жизнь принадлежит ей и что она нечто большее, чем машина для достижения успехов.

Еще подсказки для снижения стресса

Чтобы защитить девочек-подростков от стрессового выгорания, связанного с достижениями, мы, родители, должны следить за уровнем стресса и помогать девочкам в нахождении баланса. Вот несколько идей.

Время игр. Вашей дочери нужно время для игр. Будьте тем, кто следит за ее развлечениями, и убедитесь, что она получает их в достатке. Просмотры фильмов с друзьями, выпечка, походы в горы, боулинг, ролики, настольные

игры и тому подобное могут сотворить для нее чудо. Помните, как, бывало, вы выбирали для нее недорогие маленькие игрушки, когда она сама была маленькой? Она, скорее всего, все еще любит мыльные пузыри, смэшбол или мелки для рисования на асфальте.

Изменение расписания. Регулярно проверяйте с дочерью расписание. Помогите ей определить занятия, которые она может сократить или убрать, чтобы появилось больше свободного времени. Помогите ей проанализировать причины ее участия во всех этих занятиях, чтобы она могла начать оценивать соотношение «должна — стоит». Напоминайте, что каждый день ей нужно немного отдыхать и веселиться, чтобы быть счастливой и здоровой. Посмотрите в десятой главе упражнение «По пути со счастьем», чтобы помочь с изменением расписания.

Укрепите ее «самость». Дайте ей знать, что любите ее такой, какая она есть, а не за то, что она делает. Помогите ей почувствовать себя лучше, пусть разрешит себе отдых и игры, да и просто «существование». Собственный пример — очень действенный способ научить дочь ценить отдых и игры, так что делайте это и в своей жизни.

> *Помогите ей почувствовать себя лучше, пусть разрешит себе отдых, игры и просто «существование».*

Ищите поддержку. Если у вашей дочери в школе проблемы, они могут быть вызваны особенностями обучения, которые нужно выявить и решить. Если она в целом справляется хорошо, но ей сложно на определенных занятиях, предмете или при освоении навыка, проконсультируйтесь с учителем и/или школьным психологом. У учителей и психологов часто есть замечательные идеи, которые помогут вашей дочери уменьшить стресс

и поддержат ее успехи. Рассмотрите альтернативные решения, такие как онлайн-занятия, а не ждите, что дочь «выживет» у плохого учителя. Если вы можете включить в ее расписание читальный зал, примите это во внимание. Я видела, как девочки заметно расслаблялись, когда у них появлялась возможность сделать часть домашнего задания во время пребывания в школе.

Особая забота в выпускном классе. Выпускной класс, а часто и предыдущий, могут быть очень стрессовыми для очень целеустремленных подростков. Они дают больше, чем могут вместить наши голова и сердце. Хотя может показаться, что дети хотят нас покинуть, но они также боятся расставания с нами, и это вызывает целый ряд эмоциональных откликов. Это хорошее время для настройки чувств и эмоций.

Если эта глава поможет вам думать о стрессе дочери, связанном с достижением успеха, ваша дочь — счастливчик! Вы поддерживаете ее и защищаете ее здоровое развитие.

8.

Укрощение «техно-тигра»

Вы были готовы к недосыпанию, прорезыванию зубов и кризису двух лет, сопровождающим взросление вашей дочери. Мучительные изменения в начальной школе были для вас как проблемой, так и очарованием. Вы изо всех сил старались провести ее через взлеты и падения в средней школе. Но где-то в середине пути неожиданный аспект ее развития открылся раньше, чем вы ожидали. Звучало это так: «Мам, пап, мне нужен мобильный телефон. Я хочу телефо-о-он!»

Вы можете заметить:

- Телефон словно хирургическим способом внедрен в ее руку. Когда он не в руке, он (пожалуйста, только не это!) ПОТЕРЯЛСЯ!

- У нее обнаруживаются олимпийские способности по написанию сообщений. (Вы подозреваете, что дарвиновская эволюция облегчила невообразимое развитие проворности большого пальца.)

- Редкое время, проводимое вместе, теперь испорчено третьим лишним: ее мобильным телефоном.

- Она проверяет социальные сети, как молодая мама — дыхание ребенка: с непреодолимой первобытной одержимостью.

Как вы сюда попали

Технологии могли войти в жизнь вашей дочери вместе с плеерами или караоке. Но самой важной техникой стали MP3-плееры, мобильные телефоны и, может, даже ноутбуки. Интерактивные видеоигры достигли такого совершенства, что некоторые из них, подаренные вашей дочери, кажутся подарками для всей семьи. Когда вы играете в виртуальный теннис, признайте: удары дочери выбивают вас с корта. Действительно, вас не предупредили об этом, и вы не были готовы к стремительному технологическому развитию, которое ваша дочь осваивает без особых усилий.

У девочек-подростков огромный аппетит к быстрой коммуникации, информации и развлечениям, и это создает совершенно новый вид проблем для неподготовленных родителей. Вот что некоторые люди говорят о своих подростках — знатоках технологий.

- Для здоровья девочек даже полезно общаться настолько много, насколько возможно, разве нет? Когда мне было столько, сколько моей дочери сейчас, я приходила домой и отдыхала! Используя СМС-сообщения, мессенджеры и «Фейсбук», моя дочь постоянно общается.

- Настроение моей дочери может упасть, как камень, после посещения «Фейсбука». Тогда мне приходится разбираться с расстроенным ребенком, которая только что узнала то, чего вообще не должна была знать.

- Я слышала, как однажды вечером моя дочь и ее подруга смеялись, и решила, что они смотрят фильм. Я узнала, что они были на каком-то сайте, который позволял им вести час с совершенно незнакомыми людьми! Они и понятия не имели, почему я рассердилась.

Опоздали на tech-вечеринку

Когда ваша дочь научилась получать доступ к разным типам развлечений через интернет, она, скорее всего, не консультировалась с вами по поводу выбора средств. Когда она завела аккаунт на «Фейсбуке», едва ли спрашивала вашего разрешения. Когда она получала доступ к бесплатной музыке, она, скорее всего, ничего вам не сказала. К настоящему моменту слишком много пасты вытекло из тюбика, и вы не знаете, как запихнуть ее обратно. И конечно, любые попытки сделать это будут неприятными: «*Ты хочешь быть моим другом в „Фейсбуке“? Смеешься, да?*»

Наше «опоздание на tech-вечеринку» создало сложную для нас, родителей, ситуацию: многие дети обладают неограниченной свободой, а мы, будучи в растерянности, не знаем, что происходит и как ко всему этому подключиться. В действительности только трое из десяти молодых людей говорят о существовании правил относительно того, сколько времени они могут провести у телевизора, за видеоиграми или компьютером. В семьях, где такие правила установлены, подростки проводят значительно меньше времени за использованием технологий (Lamontagne 2010). Так что должен делать родитель?

Единого подхода к установлению правил и контролю за пользованием медийными средствами не существует. Вы можете подстраивать свой уровень вовлеченности, чтобы он приносил пользу индивидуальным потребностям вашей дочери. Например, если у вашей драгоценной тринадцатилетней дочки огромная жажда социализации, строгое родительское вмешательство и четкие границы могут быть жизненно необходимы. Если ваша дочь-подросток постарше и демонстрирует здравые суждения, уже знает плюсы и минусы технологий, вы можете быть менее бдительными. Давайте поочередно рассмотрим самых

Люси Хеммен

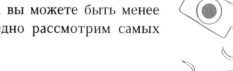

больших «тигров» технологий, чтобы вы чувствовали себя увереннее, руководя дочерью.

> *«Ты хочешь стать моим другом в „Фейсбуке"? Смеешься, да?»*

«Тигр» № 1: мобильный телефон

Девочки-подростки любят свои мобильные телефоны, их количество у детей увеличивается с каждым годом. В то время как родители хотят отдохнуть от общения по телефону, девочки-подростки не могут наговориться. Хотя многие девушки имеют смартфоны с дорогими тарифами, чтобы иметь доступ в интернет, суть мобильных телефонов в действительности состоит в чем-то другом. Одна девочка-подросток объяснила: «Все дело в ПЕРЕПИСКЕ!» Их мастерство и жажда переписки впечатляют — и их невозможно измерить.

Плюсы мобильных телефонов

Мобильные телефоны облегчают родителям доступ к дочерям. Прошли те дни, когда вы звонили семье Джонс, чтобы позвать свою дочь домой. Мобильные телефоны обеспечивают прямую связь между родителем и ребенком, что позволяет легко проверять местонахождение ребенка. Неудивительно, что многим девочкам трудно терпеть такие проверки. В результате многие родители приняли вызов, брошенный перепиской, и общаются короткими фразами:

«Не забудь: ортодонт сегодня после школы!» или «Удачи на тренировке сегодня. Увидилися за ужиноли :)». Но иногда...

«Ты правда в кино? Сфотографируй себя по пути и отошли мне».

Когда родители не выдерживают последствий нежелательного поведения, они часто забирают у дочери телефон или ограничивают его использование. Они считают, что это эффективный способ привлечь внимание и повлиять на нее. Это особенно актуально, когда родители узнают, что дочь неправильно пользуется телефоном. Если она посылает или получает неприемлемые сообщения или вы узнаете из ее переписки об опасном или вызывающем тревогу поведении, то ограничения в пользовании телефоном освобождают ей время для обсуждения проблемы с вами, другом семьи, которому она доверяет, родственником или специалистом.

Минусы мобильных телефонов

Многие родители считают, что мобильные телефоны отнимают время у семьи и вызывают беспокойство о характере и продолжительности общения, заставляют беспокоиться о безопасности за рулем и создают финансовые проблемы. Для девочек-подростков минусы пользования мобильным телефоном — потенциальный перебор с общением, безответственная коммуникация, чрезмерная раздражительность, отсутствие внимания, прерываемый и краткий сон, а также возросший риск аварий. Действительно, многие девочки-подростки спят с мобильными телефонами под подушкой. Неудивительно, что они устают!

Определение границ: готовьтесь к ссоре

Если вы никогда раньше не ограничивали дочь в пользовании мобильным телефоном, подготовьтесь. Когда ваша дочь взорвется, оставайтесь спокойными и сосредоточенными. Поскольку все мы хотим, чтобы наши чувства или

точку зрения признавали (почти так же, как хотим, чтобы все было по-нашему), убедитесь, что тоже понимаете ее, одновременно оставаясь твердым в своей просьбе: «Я понимаю, Эми, это кажется особенно несправедливым, потому что я раньше никогда не просила тебя так делать. Я не виню тебя в том, что ты расстроилась. Тем не менее это новое правило: твой телефон отправляется в корзинку, звонок должен быть отключен во время ужина и сна. Если ты будешь соблюдать это правило, утром получишь его обратно».

Принять решение о приемлемых границах может быть сложно. Идеи, представленные ниже, отражают попытки родителей установить границы пользования мобильными телефонами.

- Мы сформулировали правила использования мобильных телефонов, которые моя дочь подписала. В них сказано, что дочь должна носить с собой заряженный телефон, чтобы мы могли дозвониться до нее. В правилах также прописаны ограничения в пользовании мобильным телефоном и ее обязанность платить, если лимит превышен. Наконец, там написано, что мы можем получить доступ к ее телефону, когда в этом есть необходимость.
- Мы купили ограниченный пакет сообщений, которым она будет пользоваться, пока не покажет, что переписка не мешает ее школьным занятиям. Теперь она намного внимательнее относится к переписке.

Для родителей нет исключений

Подумайте немного о том, как пользуетесь мобильным телефоном вы. Ваша дочь всегда видела, как вы радуетесь ее появлению. Может показаться, что ей на это уже наплевать, это не так. Совсем. Незаметно вы даете ей ощущение безопасности в этом ненадежном мире. Не позволяйте своему мобильному телефону помешать этому.

И конечно же, мы учим детей своим примером. Поэтому и сами должны перестать постоянно заглядывать в телефон. Мы не можем сказать дочери: «Я просто смотрю время», когда на самом деле проверяем входящие звонки. Быть хорошим примером может быть тяжело (например, когда мы хотим быстро напечатать сообщение, остановившись на красный свет) или мотивировать себя (например, притормозить у обочины, прежде чем ответить на важный рабочий звонок). Пытайтесь принимать лучшие решения, зная, что ваш выбор влияет на дочь.

Спросите свою дочь, что она чувствует по поводу вашего пользования мобильным телефоном. Слушайте ее внимательно, не оправдываясь. Вот что две девочки сказали о своих ощущениях.

- Меня действительно раздражает, когда я сажусь в машину и вижу, что мама погрузилась в свой Crackberry. Знаю, что это глупо, но мне неприятно.
- Мои родители думают, что их пристрастие к мобильным телефонам нормально, потому что «связано с работой». Я всегда на втором месте после телефона.

Когда дочь видит, что ее комментарии влияют на ваше пользование мобильным телефоном, она испытывает чувство собственной значимости и важности. Она знает, что вы цените ее отзывы и принимаете ее чувства всерьез. Это общение, полное уважения, может принести пользу как вам, так и вашей дочери.

Подсказки по безопасному пользованию мобильным телефоном

Вот несколько подсказок, чтобы сделать пользование мобильным телефоном максимально безопасным для вашей дочери.

Установите порядок пользования телефоном в машине. Пусть ваша дочь установит правила пользования телефоном, в том числе необходимость отложить мобильный телефон, когда садится в машину (отключить звонок). Это должно делаться так же автоматически, как пристегивание ремня и проверка зеркал. Положите телефон в бардачок или, еще лучше, на заднее сиденье, что помешает вашему подростку пользоваться телефоном за рулем. Помогите ей совершенствовать эту практику, путешествуя вместе с ней, пока не увидите, что это вошло в привычку.

Проверяйте ее телефон в любое время. Сообщите ей, что вы можете проверить ее мобильный телефон в любое время. Это особенно важно для младших подростков. Убеждение девочки-подростка, что ее телефон должен быть чем-то личным, ошибочно. Она ребенок, и требуется руководство родителей, пока она не достигнет зрелости и не получит достаточно жизненного опыта для принятия здравых решений. Если вы прочитали какую-либо недобрую, неуважительную или неуместную переписку, отправленную, полученную или подготовленную, поговорите о кибербуллинге (об этом будет упомянуто позже в этой главе).

Знайте, как расшифровать язык сообщений. Посмотрите на сайте www.netlingo.com или в приложении *iPhone LRNtheLingo*. Многие девочки-подростки, однако, не шифруют сообщения с помощью специального языка. Родители, скорее, борются с правописанием, чем с языком переписки, за исключением периодических *BTW** и *LMAO***. (Интересно, что многие девочки-подростки не думают о том, чтобы стереть уличающий их контент из сообщений.)

Вы изучили некоторые идеи и навыки для разговора с вашей дочерью в четвертой главе. Вот новая стратегия для быстрого и эффективного решения любой важной проблемы.

Десятиминутный разговор

Когда дело касается мобильных телефонов, мы, родители, должны провести несколько обучающих моментов. По нескольким причинам, связанным с нормальным здоровым развитием, девочки-подростки становятся профессионалами в сопротивлении разговорам с родителями. Успокойте свою дочь, установив десятиминутный лимит и придерживаясь его. Когда вы говорите, что нужно поговорить *всего десять минут*, она будет чувствовать себя менее стесненной. Так она скорее будет готова принять информацию и развить разговор.

Секстинг — получение и отправление интимных сообщений и/или изображений себя в обнаженном или полуобнаженном виде. Это щепетильная тема. В то время как «сексэмэски» широко освещались в СМИ, многие подростки говорят, что не посылали и не получали сексуально откровенных сообщений. Девочки, которые говорят об этом, обычно старшие подростки, которые отсылают картинки или провокационные сообщения своим молодым людям. Если предмет «сексэмэсок» заставляет ваше сердце учащенно биться, это потому, что мы, родители, сразу чувствуем неизбежный риск такого общения. В отличие от наших девочек-подростков, мы способны мыслить

Люси Хеммен

---

* By the way — между прочим. — *Примеч. пер.*

** Laugh your ass off — надорваться от смеха. — *Примеч. пер.*

здраво и у нас необходимый жизненный опыт, чтобы предсказать негативные последствия. Девочки–подростки посылают «сексэмэски», потому что не могут предвидеть вред такого поведения. Одна девочка–подросток делится своим опытом: «Мне было немного неловко отсылать фотографию, но парень уговорил меня. Он продолжал мне писать и просить чего–то действительно особенного, как если бы это был подарок, так что я это сделала. Потом он отослал фото примерно еще пятидесяти другим ребятам, которые разослали его дальше. Пришлось менять школы, чтобы меня не обзывали шлюхой и потаскухой».

Пример десятиминутного разговора о секстинге

Хотя ваша дочь может сморщиться, когда вы заговорите о безопасной переписке, попрактикуйте ваши коммуникативные навыки, предложив свою версию следующего разговора. Конечно, вам придется изменить десятиминутный разговор в соответствии с вашим стилем.

Кэти, я хочу поговорить с тобой о проблеме безопасного пользования телефоном, которая в последнее время освещается в новостях. Это займет всего десять минут, даже меньше, если ты уделишь мне все свое внимание. Ты, скорее всего, уже знаешь об этом, но мне нужно это сказать, просто потому что я твой родитель и моя задача — направлять тебя и охранять, когда это возможно. Никогда не отсылай такого сообщения или чего–то другого, о чем бы ты не хотела, чтобы мир узнал или увидел это. Некоторые девочки действительно пострадали от того, что их «сексэмэски» переслали и распространили. Девушки, участвующие в «сексэмэсках», не обязательно плохие или шлюхи. Они получают действительно унизительный и болезненный урок, и я не хочу, чтобы тебе когда–либо пришлось через это пройти. Если ты когда-нибудь окажешься в какой-то плохой ситуации, помни, что я люблю и поддерживаю тебя. Знай, что всегда можешь прийти ко мне за помощью.

По возможности напоминайте своим подросткам, что никакая ошибка не может лишить их вашей любви и поддержки. Когда они ошибаются, им нужно больше, а не меньше поддержки.

«Сексэмэски» несовершеннолетних имеют не только социальные и эмоциональные последствия. Вот важный правовой момент: во многих штатах они попадают еще и под закон о детской порнографии. Таким образом, если ваша дочь снимает себя обнаженной и рассылает фото в электронном виде, это может считаться детской порнографией. Если же она получает изображение обнаженного человека и отсылает сообщение дальше, это может считаться распространением детской порнографии. Некоторые случаи секстинга приводят подростков к занесению в список сексуальных преступников. Убедитесь, что ваша дочь знает о возможных юридических последствиях.

> *Когда она ошибается, ей нужно больше поддержки, а не меньше.*

В течение вашего десятиминутного разговора вы сможете понять, что дочь готова отвечать на такие вопросы, как «Что ты думаешь или знаешь о секстинге?» или «Как ты думаешь, почему девушки посылают "сексэмэски"?» По истечении десяти минут поблагодарите ее за разговор и двигайтесь дальше. Если десяти минут недостаточно, можете вернуться к этой теме на другой день. Составьте вопросы для следующего разговора, чтобы оставаться

краткими и продуктивными. Отказываясь от слишком долгих бесед, вы доказываете своей дочери, что разговоры с вами — не болото, из которого она никогда не выберется.

Вы можете еще больше сократить время разговора, попросив ее поискать информацию по теме с вашей помощью или без нее. Подростки отлично разбираются в интернет-поиске и скорее готовы получать информацию из этих источников, чем от родителей. Вы также можете предложить дочери проконсультироваться с экспертом или кем-то еще, чтобы получить информацию о секстинге. Она может поделиться с вами краткой версией того, что узнала. При таком подходе ваша дочь учится водить машину, пока вы слегка руководите ею с заднего сиденья.

«Тигр» № 2: интернет

Плюсы и минусы интернета все те же: он предоставляет доступ к миру! Проводят ли они исследование в рамках домашнего задания, ищут ли информацию о новой группе или красивом актере, проверяют ли погоду в Бразилии, ищут ли лучшие рецепты печенья или поддерживают связь с друзьями в социальных сетях — подростки пользуются интернетом с легкостью, с которой мы, родители, идем в душ.

Осторожный выбор сайтов

Использование девочками-подростками интернет-ресурсов требует осторожности. Хотя интернет может быть великолепным источником информации, не все, что находится онлайн, — правда. Это не новость для девочек-подростков, которых, скорее всего, родители и учителя уже предупреждали о том, что сотни информационных ресурсов, включая Wikipedia, не всегда достоверны или точны. Существует множество веб-сайтов, требующих деньги за что-то несуществующее. Одной такой фальшивкой было спасение древесного осьминога, тогда как такого осьминога нет в природе. Но вам все равно предлагают отдавать деньги на спасение несуществующих существ.

Чтобы убедиться, что ваша дочь внимательно относится к онлайн-ресурсам, спросите, как она узнает о надежности того или иного сайта. Если в вашем голосе звучит любопытство, а не обвинение, она, скорее, откроется вам, чем встанет в защитную позицию. Узнайте, на что она обращает внимание, когда выбирает сайт или ресурс. Если она не уверена, предложите ей спросить у учителя подсказки, которые помогут определить достоверность сайтов.

Вызывающий тревогу контент

Девочки-подростки знают, что могут без особых усилий попасть на неприемлемый, сексуальный или вызывающий тревогу контент, когда «гуляют» по интернету. Потратьте несколько минут на то, чтобы обсудить следующее: «Знаешь, Мэгги, я иногда попадаю в интернете на довольно безумные вещи. Что ты делаешь, когда это случается с тобой?»

Многие девушки смеются и соглашаются или говорят: «Ой, мам!» или «Ой, пап!» Продолжайте этот разговор, чтобы понять, знает ли ваша дочь, как на это реагировать. Если знает, выразите одобрение правильности ее мышления. Если нет или если вашей оценке мешают ее попытки избежать разговора, спокойным тоном дайте ей знать, что однажды она столкнется с неприемлемым контентом.

Предупредите ее, что в интернете можно найти практически все и что это не только не полезно, но и может навредить. Даже кажущийся безвредным запрос в интер-

нете может предоставить пользователям нежелательный материал. Посоветуйте ей не щелкать на сомнительные сайты и сразу выходить, когда натолкнется на такие.

Защита паролем

Защита паролем — пример вопроса безопасности, о котором ваша дочь может думать, что решила его, но это не так. Хотя девочки-подростки знают, как устанавливать личные пароли, они могут не знать, как работать с контрольными вопросами в качестве вторых паролей. Большинство аккаунтов требуют дать ответ на контрольный вопрос, если пароль забудется. Попросите свою дочь относиться к контрольным вопросам, как если бы это был второй пароль, то есть необходимо выбрать вопрос, на который может ответить только она. Иначе ее аккаунты может легко взломать любой, кто готов провести небольшое исследование, необходимое для ответа на контрольный вопрос. Чем активнее и чаще ваша дочь присутствует онлайн, тем выше вероятность, что она привлечет внимание кого-то, кто готов на такое исследование.

Если вы родитель, который верит в онлайн-конфиденциальность своей дочери, попросите ее записать все пароли и аккаунты на бумаге, которую потом положите в конверт и запечатаете. В случае чрезвычайной ситуации у вас будет доступ к информации. Это мера предосторожности в действительности спасала жизни.

Высказывайте свои ожидания

Постоянное высказывание ваших ожиданий — хлеб и масло воспитания вашего подростка. Нельзя быть уверенным, что ее поведение полностью будет соответствовать вашим ожиданиям, но вы можете убедиться, что она о них знает. Ведь мы не раз напоминаем детям, что нужно

говорить «пожалуйста» и «спасибо», и тогда это остается навсегда. Мы повторяем это снова и снова. То же самое нам нужно делать и с ожиданиями в отношении поведения в Сети. Если мы не повторяем правил и ожиданий, девочки-подростки забудут их и создадут собственные.

Помимо всего прочего девочки-подростки пользуются интернетом, чтобы получить доступ к музыке, фильмам и телешоу. Чтобы убедиться в безопасности вашего подростка и его благополучии, регулярно рассказывайте о правилах просмотра фильмов и телевизионных шоу. Если дочь пользуется компьютером в комнате, где проводит время вся семья, вы можете беспрепятственно проверять, что она смотрит, чтобы убедиться, что ее выбор соответствует вашим стандартам.

Предложите дочери иногда делиться музыкой с вами и семьей. Если ей не хочется делиться своим выбором, можете поинтересоваться текстами песен и заложенными в них идеями. Это еще одна возможность передать ценности и стандарты. Вот как один родитель следит за музыкой: «Я наугад проверяю музыку Рози. Я даю ей понять, что если текст или транслируемые идеи не понравятся мне или любой другой уважающей себя женщине, музыки не будет! Ко всему прочему моей дочери придется выслушать от меня нотацию о принижении женщин в нашей культуре».

Фактор риска интернет-пользования

По мере того как навыки пользования интернетом у вашей дочери возрастают, может возрастать и ее активность на сайтах и в приложениях. В зависимости от того, как она ими пользуется, может возрасти риск причинения вреда вашей дочери знакомыми и незнакомыми людьми. Чтобы обеспечить безопасность дочери, давайте рассмотрим «Тигра» № 3.

«Тигр» № 3: социальные сети

Даже самые отсталые в области технологий родители знают, что такое социальные сети. «Фейсбук» вездесущ в жизни девочек-подростков, им также с удовольствием пользуются многие родители. Скоро к «Фейсбуку» добавятся сайты, основанные на видеообщении, некоторые считают их новой областью социальных сетей.

Плюсы социальных сетей

Благодаря социальным сетям у вашей дочери есть возможность поддерживать связь с друзьями и оперативно получать от них новости, в то же время заводя новые знакомства. Подросткам, у которых меньше социальных связей, чем хотелось бы, социальные сети могут помочь найти друзей. Для зрелых девушек, которые не углубляются в социальные сети, плюс в поддержке связи и просто получении удовольствия. Некоторые родители создают аккаунты в социальных сетях и посылают дочери запрос в друзья. Им нравится возможность следить за важными событиями в жизни подростка и их динамикой.

Минусы социальных сетей

Три главных минуса социальных сетей — рассеянность внимания, драма и опасность. Давайте рассмотрим каждый из них.

Рассеянность внимания. Многие родители замечают пристрастие девочек-подростков к социальным сетям. От этого могут страдать оценки, а также личные отношения и навыки общения. Подростки, помешанные на соцсетях, сужают свой круг интересов и деятельности, чтобы проводить больше времени в «Фейсбуке» и других сайтах. Родители должны обеспечить баланс, когда дочки-подростки ныряют слишком глубоко в мир киберкоммуникации.

Драма. Родители также замечают, что социальные сети создают хаос в социальном мире подростка. Взрослому чрезвычайно трудно до конца понять, как мало девочки-подростки задумываются по поводу того, что выставляют. Чувствительные, добрые девочки становятся очень нечувствительными, разумные девочки могут делать шокирующие ошибки в суждениях.

Девочки-подростки не всегда понимают, что то, что они говорят и выставляют: а) влияет на них, б) влияет на других, зачастую травмирующим образом. Их часто удивляет, что выставленное ими ранит чьи-то чувства, рушит отношения, уничтожает репутации. Некоторые могут даже быть шокированы тем, насколько долгосрочными могут быть последствия: когда назначение академических стипендий, присуждение наград и поступление в колледж зависят от того, что выставляется в интернете. Найденную через соцсети информацию работодатели часто используют при принятии решения о приеме на работу.

Поскольку общение происходит заочно, девочки-подростки чувствуют полную свободу говорить что угодно. Когда кто-то выставляет неприятный комментарий о каком-то человеке, другие могут добавить грязи к первоначальному комментарию, разжигая и распространяя конфликт. Так как полной конфиденциальности быть не может, жертвам комментариев могут очень сильно навредить. Одна родительница сказала следующее о таком виде общения: «В социальных сетях разыгрывается столько драм! Эти дети не фильтруют то, что говорят. Я почувствовала смятение в общественной жизни дочери и наконец настояла на том, чтобы она дала мне свой пароль. Она и ее друзья по „Фейсбуку" обзывали и нападали друг на друга, упоминая секс и алкоголь. Некоторые девушки выставляли свои фотографии, от которых у их родителей

случился бы сердечный приступ. Моя дочь настаивает, что в этом нет ничего страшного, но я думаю, что это проблема!»

Почему такие храбрые? Ваш развивающийся подросток изучает становление своей личности. Она не всегда уверена в том, кто она и каковы ее ценности. Она может захотеть узнать, каково это — быть резкой, сексуальной или социально агрессивной. Это может привести к онлайн-поведению, которое заставит вас думать: «*Кто ты и что ты сделала с моей дочерью*?» Некоторые наивные девочки-подростки выставляют картинки, оставляют комментарии и участвуют в сплетнях и склоках, что свидетельствует о неразвитости их суждений — их личности в настоящее время — и слепоте к возможным последствиям такого поведения онлайн. Так как их онлайн-общение моментально, комментарий или фотография могут превратиться в колоссальную социальную травму или создать/сломать репутацию буквально за секунды.

Опасность. Последний и самый серьезный минус социальных сетей — опасность. Девочки-подростки становятся жертвами «хулиганов»* и «хищников»**. Чтобы больше узнать об этой теме, я поговорила с Лори Гетц — экспертом по безопасности в интернете, основателем *Cyber Education Consultants*.

Лори Гетц советует в вашей виртуальной общественной жизни избегать следующего: слишком много друзей, чрезмерное распространение информации и лишние связи. Эти три момента делают вас более заметными, а это может быть опасным.

---

* Здесь: (*англ.* Bullies) — пользователи, занимающиеся угрозами или запугиванием. — *Примеч. ред.*

** Здесь: (*англ.* Predator) — пользователи, ставящие своей целью получить конкретную выгоду, в частности, склонить к сексуальным отношениям. — *Примеч. ред.*

Слишком большое количество друзей означает приглашение в вашу онлайн-жизнь того, кого вы не пригласили бы на ужин. Девочки-подростки могут быть очень доверчивыми и наивными. Множество друзей ведет к тому, что девочки доверяют людям, которых едва знают или не знают совсем.

Излишнее распространение информации означает публикацию, например сообщения о намечающейся поездке на Гавайи. Девочки-подростки также обычно выставляют свою личную информацию, к которой «хулиганы» могут получить доступ.

Лишние связи — это коммуникация на множестве сайтов и приложений, часто с использованием одного и того же имени пользователя. Такие подростки привлекают к себе внимание на сайтах, подобных YouTube, Hot or Not или Chat Roulette. Чем чаще ваша дочь бывает в интернете, тем больше внимания к себе привлекает. Хотя определенное внимание желательно, в других случаях оно может быть разрушительно или опасно. Использование одного и того же имени пользователя на разных сайтах упрощает поиск и выбор ее в качестве цели. Эмоционально неустойчивые девушки — цель для «хищников», в то время как девушки, очень заметные в интернете, — цель для «хулиганов».

Хотя эти три понятия четко обозначены, они пересекаются и взаимодействуют: девочкам-подросткам нравится ощущение, что их любят, и многие принимают в друзья людей, которых едва знают или никогда не встречали (слишком много друзей). Эта практика увеличивает риск, особенно когда сочетается с чрезмерным распространением информации и лишними связями. Например, у Джессики две сотни друзей. Будучи общительным подростком, она делится информацией, в том числе своими фотографиями и списком вещей для поездки на Гавайи.

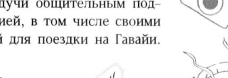

Даже если Джессика не выставляет информацию о предстоящей поездке, один из ее друзей может быстро прокомментировать: «Алоха*, Джесс. Повеселись на Гавайях!» Теперь информация попала в мир, и Джессика стала более заметной, ее легче найти, она более уязвима, а дом семьи может стать целью грабителей.

Лишнее распространение информации также принимает форму поста на стене раздраженного подростка в соцсети: «*Ненавижу своих родителей*». Вам такое проявление раздражения может казаться нормальным. Но если пост публикуется на множестве сайтов, помните, что она становится известнее другим людям. «Хулиган» или «хищник» могут заинтересоваться ею. Если она ненавидит родителей, «хищник» может выбрать ее в качестве возможной цели. Тогда он создает профиль, чтобы заманить ее в отношения. Он может найти всю необходимую информацию о ней без особых усилий. Он видел ее на *YouTube*, знает, как она выглядит, кто ее друзья, где она проводит время и что ее только что бросил парень. Если вам становится страшно, вы в этом не одиноки!

Что же в итоге? Поговорите со своей дочерью об этих моментах и рассмотрите, как это относится к ней. Дайте ей прочитать статьи о том, что случилось с другими девушками. Чаще говорите с ней об онлайн-действиях. Не бойтесь, если она снизит свою активность в интернете.

> *Не бойтесь, если она снизит свою активность в интернете.*

---

* *Алоха* — слово в гавайском языке, которое одновременно используется для приветствия, прощания и пожелания радости. — *Примеч. ред.*

Еще подсказки по социальным сетям

Многие родители изобретательно реагируют на социальные сети, чтобы контролировать риски. Вот несколько их идей.

- Моя дочь пользуется компьютером в общей комнате семьи, так что полная конфиденциальность невозможна или ограниченна.
- Мы установили программу для фильтрования и контроля.
- Я использую пароль дочери, чтобы зайти на ее сайт. Сначала я думала, что достаточно быть ее «другом». Потом я узнала, что она выборочно закрывала мне доступ к той информации, которую не хотела, чтобы я видела. Ее пароль позволяет мне все видеть и контролировать.
- Моя дочь научилась сдерживать активность в социальных сетях, когда я ограничила пользование одним часом после выполнения домашнего задания.
- Я заставила дочь полностью закрыть аккаунты в социальных сетях. Ее суждения оказались слишком легкомысленными, а последствия общения — слишком вредными.

Упражнение «Проверяйте сайты дочери»

Узнайте, на какиьчьх сайтах проводит время ваша дочь. Дайте ей понять, что не хотите вмешиваться, но должны знать об этом. Напомните, что она получит больше свободы, если вы поймете, что она готова сотрудничать, обладает необходимыми знаниями, ее по-

Люси Хеммен

ведение разумно и безопасно. Заполните строки ниже и используйте эти данные для проверки в дальнейшем.

Сайт   Пароль

_____   _____

Вы можете задать своей дочери примерно следующие вопросы:

- Что тебе нравится на этом сайте?
- Что тебе в нем не нравится?
- Как ты избегаешь проблем?
- Как ты справляешься с неуважительными или обидными комментариями?

Если посты вашей дочери или содержание ее общения имеют неприемлемый характер, ответьте на это осторожно. Если вы выйдете из себя, она может удалить вас из виртуальной жизни, перенеся свою деятельность в подполье. Ограничьте свои комментарии, насколько это возможно, и попросите ее дать вам больше информации о беспокоящем вас материале.

Кибербуллинг

Некоторые люди рассматривают буллинг как старый добрый этап взросления. Но нет ничего нормального и приемлемого в выборе жертв, особенно теперь, когда проблема вылетела из-за кулис на мировую сцену со скоростью киберпули. Девятая глава расскажет, как справляться с кибербуллингом, но мы рассмотрим это и здесь.

Обычные формы кибербуллинга включают в себя использование интернета, мобильных телефонов, социальных сетей или других электронных способов отправлять и распространять подлые сообщения, выставлять фотографии жертв без их разрешения или распространять клевету и слухи о них. Часто «хулиган» притворяется в интернете другим человеком. Последствия кибербуллинга

могут быть разрушительными, их результатом становятся тревожность, депрессия, потеря сна и аппетита, а также ухудшение школьной успеваемости. Кибербуллеры могут довести девочку-подростка до отчаяния и самоубийства. Поскольку девочки-подростки не всегда рассказывают родителям, что над ними издеваются, обратите внимание, если дочь кажется расстроенной, невыспавшейся, подавленной, испуганной или замкнутой. Если вы узнаете, что она стала жертвой онлайн-буллинга, вот как вы можете ей помочь.

- Убеждайте ее удалять сообщения, не читая.
- Если она прочитает угрожающее письмо, попросите ее не отвечать на него. Вместо этого пусть распечатает всю переписку и расскажет тому, кому доверяет — вам, другу или школьному психологу— о кибербуллинге.
- Пусть компьютеры находятся в комнате, где вы можете отслеживать сообщения.
- Убедитесь, что дочь отключается от Сети, когда идет спать, и не берет с собой мобильный телефон. Многие агрессивные сообщения посылаются посреди ночи. Ночлеги девочек-подростков у друзей часто способствуют безрассудному онлайн-поведению.
- Найдите способ сообщить об издевательствах интернет-провайдеру и модератору сайта.
- Если вашему подростку угрожают онлайн, свяжитесь с местными представителями власти.

Как и со всеми дикими существами, обращайтесь с «тиграми технологий» осторожно и с уважением. Они могут быть как веселыми и сильными, так и отвлекающими и опасными. Только что полученные вами знания помогут приручить «тигров технологий» в жизни вашей дочери.

9.

Социальное и эмоциональное развитие девочки-подростка

Мы, люди, социальные животные. Ощущение, что тебя любят, уважают, принимают и понимают, влияет на все — от физической устойчивости до интеллектуальной деятельности и эмоционального состояния. Как вы знаете, девочки-подростки с энтузиазмом заводят отношения. В подростковом возрасте они естественно поворачиваются к сверстникам, как подсолнухи к солнцу. Находясь среди друзей, они раскрывают и развивают разные аспекты своей эволюционирующей личности. Дружба дает девочкам ощущение эмоционального сообщества, которое успокаивает их и помогает почувствовать свое место в мире.

Однако дружба девочек-подростков также может быть полна стрессов. Они преодолевают такие эмоциональные состояния, как перепад настроения, социальная тревожность, чувство незащищенности и застенчивость, связанные как с ними самими, так и с их друзьями. Часто они прячут эти чувства, потому что на них давит необходимость всем нравиться и быть настолько идеальными, насколько это возможно. Если их мало поддерживают в освоении способов прямо и умело выражать собственные мысли и чувства, девочки-подростки не знают, как высказать свое мнение о друзьях и как получать от них обратную связь. Читайте дальше, чтобы больше узнать о социальном и эмоциональном развитии девочек-подростков и о том, как вы можете поддержать дочь.

Вы можете заметить:

- Кажется, она счастливее всего, когда проводит время с друзьями.
- Она проявляет растущую способность сопереживать и быть верной подругой.
- Размолвки в дружбе сильно влияют на ее эмоциональное состояние.
- Общий проект или приглашение быстро воспламеняют ее и делают счастливой, в то время как исключение из проекта опустошает ее.

Тогда и теперь: социальное развитие девочек-подростков

Когда девочки очень юны, их социальный мир относительно мал и прост. Они ориентируются в социальных взаимодействиях в процессе игры и обезоруживающе непосредственны в общении со сверстниками: «Эй, Мэдисон, можешь пойти домой, потому что я больше с тобой не играю». Маленькие девочки могут рассказать о своих потребностях и желаниях и легко дают эмоциональный отклик товарищу по играм: «Коди! Это меня обижает! Никогда, никогда больше не говори этого!» Ссоры, за которыми часто следят находящиеся поблизости взрослые, быстро разрешаются и забываются. Так как динамика взаимодействия детей в этом возрасте очевидна и проста, родители понимают, какие у их маленьких девочек социальные отношения.

Когда девочки поступают в среднюю школу, социальное развитие претерпевает резкое эмоциональное усиление. Идея «социальной власти» грубо вторгается в сознание подростков, и девочки осматриваются, чтобы понять, у кого она есть, а у кого нет. Они начинают оценивать, какие факторы влияют на принятие или популярность и как под них подстраиваться. Когда все системы развития претерпевают быстрые изменения, принятие сверстниками манит, как вход в земли обетованные. В голове младших подростков принятие сверстниками равняется социальному успеху, а формула социального успеха: «Уф! Значит, со мной все нормально!»

Социальное развитие для девочек-подростков не является простым. Маятник резко качается — от доподросткового отношения к жизни «мир в моих руках» к мышлению «пожалуйста, пусть меня полюбят и примут». Для многих внезапный страх, что они могут оказаться «ненормальными» с точки зрения новых стандартов нормальности, по-настоящему травмирует. В попытке соответствовать и быть принятыми девочки-подростки могут провести много времени, размышляя над внешностью, принятием и популярностью. Многие, особенно те, кто расцветает рано, постоянно думают о мальчиках и о том, как завоевать их внимание, и родители могут считать их свихнувшимися на мальчиках.

Поскольку обсессивное мышление типично для этого возраста, девочки-подростки часто признаются, что много думают о субъективных физических недостатках (они боятся, что эти недостатки поставят под угрозу их принятие в обществе) и о нюансах социальных взаимодействий. Родители тоже волнуются, так как девочки часто больше говорят о своих раздражении и тревоге, чем о чем-то хорошем. Во время этого переходного периода родители консультируются со специалистами чаще, чем в другое время, потому что хотят знать: а) нормальны ли социальная сфокусированность и связанное с ней эмоциональное смятение и б) как уменьшить волнение.

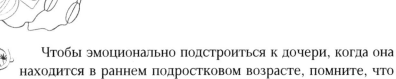

Чтобы эмоционально подстроиться к дочери, когда она находится в раннем подростковом возрасте, помните, что ее ежедневная миссия состоит в том, чтобы:

- избежать негативного отношения к себе;
- выглядеть как можно лучше, в соответствии со стандартом, принятым в ее социальной группе;
- не злить никого, особенно того, кто обладает *социальной властью*.

Так как девочка стала подростком недавно, она действительно хочет чувствовать себя принятой и обращается к своему социальному окружению в поисках комментариев или подтверждений.

Некоторые девочки-подростки пытаются снизить социальный стресс, выйдя из мейнстрима ожиданий. Вместо того чтобы пытаться соответствовать, подросток может решить избежать этого давления, выбрав альтернативу или заявив себя в этом качестве. Выбор этого менее исхоженного пути является для девочек способом сохранить свою настоящую природу, в то время как для других это поиск или принятие образа, созданного для защиты от отторжения. Часто дерзкие дети используют эту стратегию, чтобы пройти сквозь подростковые годы с ощущением своей индивидуальности (настоящей или придуманной).

> *В голове младших подростков принятие сверстниками равняется социальному успеху, а формула социального успеха: «Уф! Значит, со мной все нормально!»*

Вне зависимости от стратегии, со временем девочки-подростки чувствуют себя комфортнее в отношении того, кем они являются, и развивают уверенность в отношениях с другими. Пока продолжается развитие личности, их эмоции стабилизируются и социальное развитие становится более спокойным. Это особенно верно, когда у девочек есть множество способов хорошо себя почувствовать, таких как значимая деятельность, отношения в семье, забота о себе и различные интересы.

Социально и эмоционально наблюдательные девочки быстро находят свой поток, поскольку уделяют внимание тому, что срабатывает в обществе, а что нет. Например, они замечают, что девочки, ищущие внимания, часто становятся мишенью и на них вешают ярлык приставалы или нечто похуже, поэтому они пытаются стать незаметнее на социальном радаре. Другим девочкам-подросткам сложнее прочитать подобные подсказки и сформировать личность, которая находится в социальном потоке, и это делает их развитие более болезненным.

Звучит удручающе? Так и есть, и вот почему колледж может быть таким чудесным. В колледже маятник движется в другом направлении, и повзрослевших девочек призывают быть более экспрессивными, креативными и оригинальными. Часто колледж — это возможность обрести и развить свою индивидуальность.

Каково родителям

Родители разделяют чувство потери, когда наблюдают, как их ранее жизнерадостные и уверенные дочери изо всех сил пытаются стать более востребованными версиями самих себя. Они видят девочек, которые в юном возрасте выражали свои мысли и индивидуальность, а теперь боятся это делать из опасения быть социально отвергнутыми.

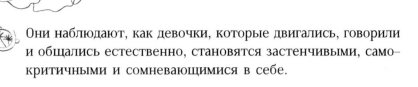

Они наблюдают, как девочки, которые двигались, говорили и общались естественно, становятся застенчивыми, самокритичными и сомневающимися в себе.

> *Многие активные,*
> *приспособленные подростки,*
> *прежде чем обрести ценные*
> *качества своего подлинного «я»,*
> *проходят фазу смятения*
> *и смешения индивидуальностей,*
> *с которой успешно справляются.*

Некоторые девочки ярко выражают свое смятение, в то время как другие все держат внутри. Так как большая часть социального взаимодействия девочек-подростков происходит вне присмотра взрослых, родители чувствуют, что упускают многое из того, что провоцирует социальное/эмоциональное расстройство дочерей. Может быть, вас утешит тот факт, что многие активные, приспособленные подростки, прежде чем обрести ценные качества своего подлинного «я», проходят фазу смятения и смешения индивидуальностей, с которой успешно справляются. Это часто происходит при переходе в старшие классы, и последние годы в школе становятся временем обретения уверенности в себе. Нестандартно мыслящие заявляют о своих инновациях, юмористы проявляют чувство юмора, а предприниматели — страсть к движению и изменению. Конечно, их личность развивается и становится более зрелой и сложной, но узнаваемые черты детского «я» спасены и восстановлены.

От заботы к сотрудничеству

По мере роста социального аппетита вашей дочери настает время расширить ее роль как участника в деятельности, приносящей радость. Девочкам нужно освоить навыки, которые требуются в реальном мире, так что пусть ваша дочь решит, что необходимо сделать для осуществления ее социального плана, и потом дайте ей определенную роль. Например, если она хочет привести домой трех друзей после футбольной тренировки, пойти в кино, а потом вернуться ночевать, пусть уточнит детали, на которые нужно обратить внимание: выбор подходящего фильма, место нахождения кинотеатра, время начала сеанса. А потом пусть попросит у вас необходимой поддержки, например чтобы вы подвезли ее до кинотеатра и забрали оттуда. Девочки-подростки также могут планировать совместный обед или ужин, приготовление пищи и уборку в доме в качестве рабочего времени.

Когда вы переходите от заботы к сотрудничеству, таким образом передаете своей дочери больше ответственности и власти над ее жизнью. Она не только получит чувство независимости, контроля и уверенности в себе, но и научится ценить вас не только как просто человека, облегчающего ей жизнь. В этот период вашей дочери полезно рассмотреть вас не только как главный источник поддержки, но и как человека со своими правами. Планируя совместные действия, объясните ей, что вам нужно сделать, чтобы получить взаимовыгодную ситуацию для вас обеих. Если вам, например, приходится устранять беспорядок, который она оставила на кухне, вы, по понятным причинам, рассердитесь. Чтобы избежать этого, воспользуйтесь возможностью подключить свою дочь к более широкому сотрудничеству для здоровых отношений, основанных на взаимопонимании: «Андреа, я рада, что приходят твои друзья. Пожалуйста, бери на

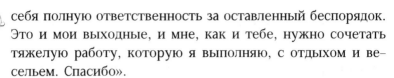

себя полную ответственность за оставленный беспорядок. Это и мои выходные, и мне, как и тебе, нужно сочетать тяжелую работу, которую я выполняю, с отдыхом и весельем. Спасибо».

Альтернатива модели отношений сотрудничества и взаимопомощи — односторонняя модель, при которой девочки-подростки ожидают, что взрослые решат их проблемы, и им самим не придется прилагать усилий. Это нехорошо ни для подростков, ни для родителей. Многие родители жалуются, что их девочки-подростки требуют или ведут себя так, словно они обязаны получить то, что хотят. Они не осознают, что как родители сами непреднамеренно создали такую модель поведения и позволили ей расцвести.

Оптимальный вариант, когда ваша дочь осознает, что вы можете многое ей дать, потому что понимаете ее потребности и настроены поддерживать. В то же время важно, чтобы она понимала, что и со своей стороны должна делать вклад в семью. Когда девочек-подростков освобождают от мытья посуды, кормления собаки, выполнения периодических поручений *для вас*, они, естественно, считают, что их роль в семье — получать, а не участвовать.

Очень естественно для девочек-подростков сосредоточиваться на себе. Чтобы они отнеслись с уважением к вашим нуждам и потребностям здоровой семейной жизни, скажите дочери, что хотите, чтобы она была полноценным членом семьи. Принципы взаимопомощи, взаимности и взаимодействия помогают девочкам-подросткам развивать ценности отношений, которые они перенесут во взрослую жизнь.

Прежде чем вы сообщите дочери о своих пожеланиях, вы должны сами их осознать. Вот что, по словам некоторых родителей, им нужно:

- Девочки должны вести себя тихо, как мыши, свет выключается в определенное время.

- Просить о чем-то нужно наедине. Не ловить родителей на слове со своими просьбами перед другими людьми.
- Не покидать дом после определенного времени.
- Уважительно относиться к младшим братьям и сестрам, когда в гостях ваши друзья.
- Работу нужно заканчивать до _____ (время).

В каждой семье будут разные правила. Часто они со временем меняются. Что не меняется, так это необходимость четко определить эти пожелания.

Упражнение «Каковы ваши пожелания?»

Подумайте о своих пожеланиях: тихий час, речевые нормы, помощь по дому, ограничения, касающиеся одалживания и т. д. Перечислите их ниже и обсудите со своей дочерью.

Как вы можете облегчить излишние размышления

Как отмечалось ранее, эмоциональное и социальное развитие может спровоцировать смятение у девочек, которые страдают от приступов чрезмерных размышлений о том, чтобы быть принятой и принимаемой. Хотя все люди подвержены чрезмерным размышлениям (также известным как зацикливание и руминация), девочки-подростки особенно уязвимы. В то время как некоторым девочкам все как с гуся вода, другие ищут понимания и овладения ситуацией, напряженно размышляя. Они оценивают себя, других, нюансы взаимодействия: «*Что она хотела этили сказать? Правильно ли я поступила? Что лине надеть? Я опозорилась?*»

Чрезмерные размышления — это попытка овладеть неуправляемой ситуацией, потому что размышления не помогают стать *налного лучше*. Обучение умению переключать навязчивые мысли поможет подросткам стабилизировать свое настроение и эмоции.

Во время терапии девочки-подростки с готовностью говорят о зацикливании. Им становится легче, оттого что проблему определили и обсудили, потому что они не чувствуют себя глупо из-за того, что их поймали на этом. Оценка социального взаимодействия, спортивной или школьной успеваемости и внешности — обычное топливо у девочек-подростков для накручивания себя, и это может вызвать негативные мысли, которые перерастают в убеждения. Я часто помогаю девочкам-подросткам пересмотреть и преодолеть «липкие» негативные размышления, записав новые мысли на ярких карточках, которые подростки могут отнести домой и читать, когда чувствуют, что зациклились. Новые мысли более позитивны, однако они должны быть правдоподобными, иначе подростки не будут обращать на них внимания. Для одной девочки-подростка, которая слишком много думала о своей внешности и считала, что ее лицо было ужасным, новая мысль «У меня совершенно нормальное лицо» была правдоподобной заменой, благодаря которой ей стало лучше.

Упражнение «Создание позитивных мыслей»

Обсудите проблему зацикливания с вашей дочерью. Спросите ее, есть ли у нее негативные мысли, которые снова и снова прокручиваются в ее голове. Поговорите о том, как эти мысли могут уничтожить уверенность в себе. Помогите дочери составить список этих мыслей (например, «У меня очень плохо с математикой») и создайте позитивные замены (например, «Математика трудна для меня»).

Негативные мысли	Позитивные мысли-замещения

Когда мы обсуждаем чрезмерные размышления, нужно рассмотреть некоторые идеи и поделиться ими.

Это действительно типично. Часто люди просто слишком много думают! Те, кто так делает, знают, что это нехорошо. Вы можете определить привычку, спросив: «Дорогая, тебе не кажется, что иногда ты слишком много думаешь над чем-то? Ты думаешь так много, что чувствуешь, что застряла, сводишь себя с ума или ухудшаешь свое самочувствие?» Потом скажите ей, что чрезмерные размышления не редкость, мы все иногда этим занимаемся, и что привычку можно изменить. Вместо того чтобы мысли контролировали вашу дочь, она сама может контролировать свои мысли.

Негативные мысли искажают реальность. Объясните дочери, что многие люди чрезмерно зацикливаются, потому что считают, что из этого выйдет какая-то польза, но это неправда! Когда люди слишком много думают, особенно в плохом настроении, мысли искажаются. Плохое настроение искажает восприятие, и это означает, что неприятные вещи раздуваются, в то время как другие игнорируются. Если ваша дочь хочет хорошо о чем-то подумать, ей нужно сделать перерыв в размышлениях, позаботиться о себе, сделав то, что поможет улучшить самочувствие, и снова (или нет!) обратиться к проблеме.

Когда вы понимаете, что зациклились, «переключите скорость». Чрезмерные размышления создают сильное возбуждение участков головного мозга, отвечающих за эмоции. Эти области «охлаждаются», когда подросток «меняет скорость», позволяя эмоциям снова стабилизироваться. Вот что девочки-подростки говорят о «смене скорости».

- Мама достала мне диск с постепенно расслабляющей медитацией, который я слушаю, лежа на кровати. Это помогает мне, когда я зацикливаюсь на социальных вещах или том, что ненавижу в себе. Это работает, хотя сначала я сопротивлялась. Мне нужна помощь в том, чтобы не думать о некоторых вещах. Позже эти мысли не кажутся мне настолько же неприятными или даже правдивыми!

- Я научилась записывать навязчивые мысли. Потом я читаю их и понимаю, что они не такие уж важные. Иногда я их читаю, и они кажутся совершенно смехотворными, так что записывание и чтение помогает взглянуть на них по-другому. Иногда я сминаю их и выкидываю, и мне становится лучше. Однажды папа разрешил мне бросить их в камин, и это принесло большее удовлетворение.

- Когда я зацикливаюсь на мыслях этого дня, я говорю об этом другу, маме или бабушке. Они помогают мне понять, что я могу отпустить или забыть и с чем мне нужно справиться. Если мне нужно справиться с социальной проблемой, они помогают мне думать о том, что я могу сделать. Когда у меня есть планы, я чувствую себя лучше и могу двигаться дальше!

- Когда я слишком много размышляю, мне нужно отвлечься. Я люблю смотреть телевизор, но родители обычно ограничивают в этом, значит, я читаю хорошую книгу, рисую, вяжу или вышиваю. Это спасает меня.

Упражнение «Идеи, „переключающие скорость"»

Обсудите с дочерью способы «переключения скорости», когда она понимает, что зациклилась. Запишите эти идеи ниже:

_____

_____

_____

Диски для медитации

Девочки-подростки — отличные кандидаты на прослушивание дисков для медитации, так как ход их мыслей может следовать за голосом и командами говорящего. Медитация позволяет «остудить» чрезмерные размышления, усилить ощущение расслабленности и комфорта!

Практика уверенности

Иногда вашей дочери потребуется решить какую-то проблему или социальный вопрос. Если она решит сделать это в личном общении, помогите ей придумать идеи и разыграйте с ней диалог уверенности. Помните девочки-подростки испытывают сильную социальную потребность нравиться и быть милыми, так что обучение вашей дочери эффективному общению со сверстниками, учителями и тренерами чрезвычайно полезно и расширяет ее возможности. Вот как разворачивался разговор одной девочки из средней школы и ее мамы:

Дочь: Я не могу перестать думать о том, как груба Шелли. Сегодня она назвала меня толстой, и теперь я только об этом и думаю. Может, я толстая!

Мама (поддерживая разговор): Расскажи мне об этом.

Дочь (строит гримасу): Она сказала, что я выгляжу, как толстый бурундук, когда я скорчила ей такую рожицу.

Мама (раздумывая и оценивая чувства, одновременно определяя возможности решения и общения): Никому не нравится слово «толстый», хотя, скорее всего, она имела в виду глупую рожицу, которую ты состроила. Ты сказала ей, что тебе не нравятся ее комментарии?

Дочь: Хм, не совсем так, потому что она бы просто ответила, что шутит.

Мама (повторное подтверждение, за которым следует поддержка планирования будущего общения): Возможно, она и шутит, но тебе не смешно. Если она снова отпустит такой комментарий, хотела бы ты ей что-то сказать, чтобы дать понять, как ее слова влияют на тебя?

Дочь: Мне хочется сказать ей, что она никогда не должна употреблять слово «толстый» — просто потому, что она худая, как щепка, а не все такие, и чьи-то чувства могут быть задеты.

Мама (подбирая подходящие слова, что общение было максимально успешным): Это звучит хорошо. Ты можешь начать, сказав: «Уверена, ты не хочешь обидеть, но...» Это покажет, что ты не сомневаешься в ней, и поможет ей услышать твою реакцию, не вставая в защитную позицию. Я сама всегда более отзывчива, когда люди дают мне понять, что толкуют сомнения в мою пользу, вместо того чтобы думать обо мне хуже. Понимаешь, что я имею в виду?

Дочь: Да. Я попробую и уберу ту часть про «худая, как щепка», потому что это вызовет только новую ссору. Ладно, мам, хватит с меня разговоров об этом.

Мама (принимая намек): Поняла. Если посчитаешь нужным, дай знать, как все пройдет.

В этом примере зацикливание на разговоре превратилось в возможность попрактиковаться в эффективном общении. Мама поддерживала необходимость подростка высказаться и помогла дочери «переключить скорость», создав план на следующий раз. Как только ваша дочь поймет сущность чрезмерных размышлений, она может прийти к вам за помощью, говоря: «Я снова слишком много думаю». Это здорово, потому что показывает, что она интегрирует словарь эмоционального интеллекта в свое сознание.

Еще об эмоциональной поддержке

Регулярные заверения — хлеб насущный для поддержки девочек-подростков во время социального и эмоционального потрясения. Они не только разбираются с изменениями своего настроения, но и с изменением настроения друзей, ситуацией, когда тебя «кинули», учатся, как справляться с неудавшимися социальными планами, с болью от того, что тебя оставили на обочине или забыли, и как игнорировать различные выпады в свой адрес. Добавьте ко всему этому романтические отношения, и вы получите эмоциональную сверхстимуляцию.

> *Никогда не недооценивайте влияния ваших подбадривающих слов на дочь.*

Когда вы помогаете дочери-подростку пройти через этот период эмоциональных бурь, никогда не недооценивайте влияния на нее своих подбадривающих слов. Даже когда она не совсем им верит, ваше решение утешить ее играет важную роль. Добавьте короткие и приятные заверения в том, что: а) вы понимаете и поддерживаете ее, б) ее чувства понятны и естественны, как и проблемы, их вызывающие. Вот несколько примеров заверений.

- Я действительно понимаю, насколько напряженная социальная жизнь в этом возрасте. Это нормально, и я обещаю: станет легче.
- Естественно, что на тебя влияют взлеты и падения. Ты всегда можешь со мной поговорить, и я внимательно тебя выслушаю.

- Я помню, как сложно планировать, когда ты подросток! Это раздражает, и кажется, что столько всего идет неправильно и рушится. Когда взрослеешь, становится лучше.
- Ты можешь поговорить со мной о своих чувствах, я не буду судить ни тебя, ни твоих друзей слишком строго. Я помню, насколько раздражающей может быть социальная жизнь подростка.
- Дорогая, трудно быть человеком твоего возраста. Столько всего происходит, и это просто сложно. Я понимаю.

Такие утверждения дают вашей дочери маленький оазис эмоционального принятия того, кому она может довериться. Это также укрепляет вашу связь и дает подростку набор полезных приемов в состоянии стресса.

Избегайте поддразнивания

Родители, часто отцы, дразнят, пытаясь установить связь или отвечая на социальное смятение девочки-подростка. Папы часто говорят, что намеревались улучшить настроение, подбодрить, заставить посмотреть на проблему с другой стороны. Поддразнивание рискованно, потому что вместо того, чтобы улучшить настроение девочки, оно может заставить ее чувствовать себя неполноценной, незащищенной или униженной. Даже если у поддразнивания добрые намерения, оно может ранить чувства и вызвать отчуждение. Поддразнивание создает небезопасную обстановку.

Предупреждение. Особенно не дразните девочек-подростков, говоря в сексуальном или романтическом плане об их отношениях с противоположным или тем же полом.

Девочкам–подросткам необходимо иметь несексуальные отношения с обоими полами без того, чтобы над ними кто–то подшучивал. Если у вашей дочери есть брат или сестра, которые так поступают, объясните, что такое поведение неприемлемо. Если же здесь есть и романтическая составляющая, то **защитить девочку–подростка от поддразниваний еще важнее.**

Разговорчивые девочки vs неразговорчивые

Воспитание девочки–подростка может стать проблемой. Однако если подросток говорит с вами о своей социальной жизни, все намного проще. Вы знаете, кто ее близкие друзья в последнее время и кто ее раздражает. Вы знаете, кого она считает крутым и в кого она, быть может, влюблена или с кем у нее отношения. Вы можете поддерживать ее, утешать и направлять в социальном плане.

Например, если она в затруднении по поводу того, сказать ли Бет, что Кэрр кокетничала с Крисом, вы можете поделиться своим жизненным опытом и мыслями по поводу потенциального риска и пользы. Если она чувствует неприязнь к своей лучшей подруге из–за того, что та вечером в ее компании переписывается со своим предметом обожания, вы можете помочь дочери потренироваться в том, чтобы высказаться уверенно и умело. Если она обычно слишком много размышляет над тем, что произошло в течение дня, вы можете поддержать ее, выслушав и напомнив затем «переключить коробку передач», чтобы не застрять на негативных мыслях. Когда подростки обсуждают то, что происходит в их социальной жизни, родителям легче предложить свою поддержку.

Более вероятно и проблематично, если ваш подросток говорит мало и бессистемно. Она может делиться информацией по принципу «что нужно знать» и считает, что знать вам нужно очень мало. Она может быть менее общительной по характеру или может меньше рассказывать вам просто из-за процесса отдаления. Если дочь не делится подробностями своей социальной жизни, вы можете опираться на свои наблюдения. Вы знаете, кого она приводит домой и с кем, по крайней мере иногда, она гуляет. Вы знаете про ее занятия и компании и можете понять, кто из друзей или знакомых в какой деятельности участвует.

Если ваша дочь-подросток неразговорчива, вы должны полагаться на то, какой она кажется вам. Если она кажется удовлетворенным социальным существом, вы, скорее всего, все понимаете, не испытывая необходимости вмешиваться. Если она проводит много времени в комнате одна, плачет или раздражается, вы можете заподозрить, что проблема в дружбе, исключении из какого-то круга общения или общей нехватке социальных связей, и можете расстроиться, что дочь не делится с вами своими проблемами.

Особые соображения по поводу неразговорчивых подростков

Если ваш неразговорчивый подросток проверяет вас, поделившись частичкой своей личной жизни, позвольте ей вести разговор, не перегружайте своими мыслями, чувствами и предложениями. Если вы разговорчивый родитель, подумайте о том, чтобы снизить свою речевую активность на 90 процентов. Это позволит вашей дочери быть ведущей, в то время как вы узнаете о ее мыслях и чувствах. Неразговорчивым девочкам нужно больше времени в разговоре, чтобы определить свои чувства и выразить их словами, поэтому разговорчивым родителям нужно быть осторожными, чтобы не перехватить инициативу в разговоре.

Неразговорчивые подростки иногда разбираются со своими чувствами, много не рассказывая. Они могут заниматься такой деятельностью, как танцы, театр или искусство, и все это помогает им выразить себя. Ведение дневника — хорошая идея для неразговорчивых девочек-подростков, чтобы с его помощью анализировать свои чувства. Некоторые подростки очень творчески к этому относятся и превращают дневники в произведения искусства, а это замечательный способ выразить свои напряженные эмоции. Дневники могут быть разного размера и дизайна, так что поход с дочерью за дневником может стать удобным способом установить связь и продемонстрировать поддержку. Пусть дочь знает, что дневник — ее личная собственность, и вы никогда не будете его читать. Придерживайтесь этого обещания.

Признак опасности: некоторые подростки даже не говорят, когда переживают огромные социальные трудности. Если ваша дочь отказывается идти в школу, у нее проблемы с концентрацией внимания или выполнением домашнего задания, она выглядит грустной, тревожной, замкнутой или расстроенной, она могла стать жертвой, участником или свидетелем буллинга.

Что такое буллинг девочек-подростков

Как упоминалось ранее, в нашей культуре ожидается, что девочки будут милыми, хорошими и будут всем нравиться. Поскольку сегодня есть проблемы с принятием и поддержкой девочек, которые ведут себя иначе, им приходится прятаться или отрицать наличие неприятных, злых

и агрессивных чувств. В то время как грустную девочку обычно обнимают, сердитых отправляют в их комнату или называют стервами. Их часто не учат навыкам, которые могут облегчить продуктивное общение и разрешение неизбежных социальных конфликтов. Конечно, скрытые и отрицаемые чувства просто так не исчезнут, они могут вылиться в поведение, которое наша культура сейчас все больше признает как буллинг.

В своей книге *Odd girl out* (2002) Рейчел Симмонс привлекла общественное внимание к природе буллинга у девочек (также называемого агрессией отношений, или альтернативной агрессией). Проявления буллинга больше не сводят к толканию в коридоре или около шкафчиков. Все больше и больше наушничество, распространение сплетен и отторжение признаются как способ использовать агрессию там, где она по-настоящему ранит: в контексте отношений. В отличие от общего буллинга, где целью чаще всего становятся непопулярные дети, сделать девочку-подростка целью буллинга может все что угодно. Никто от этого не защищен.

Поскольку технологии предоставляют огромный форум для общения подростков, акты буллинга легче совершить в виде злого комментария на чьей-то «стене», подпитывая эффект кучи-малы, когда десятки людей добавляют свои комментарии к первому, эффективно «потроша» цель. Ух! Сверхсветовая скорость эволюции технологий намного опережает попытки контролировать их использование. Случаи самоубийств подростков после буллинга привлекли общественное внимание ко всем его видам. Образовательная система вкладывает огромные деньги в антибуллинговые кампании, и во многих штатах теперь приняты соответствующие законы против буллинга.

Чтобы быть готовыми, помните, что большое количество случаев издевательств происходит потому, что девочки, естественно, допускают ошибки в суждениях, эмоциональном восприятии и социальных навыках. Поведение, кажущееся злым, часто вызвано забывчивостью, эгоцентризмом, волнением и недопониманием. Социальные ошибки, особенно когда девочки находятся в раннем подростковом периоде, происходят потому, что они действительно по-настоящему не осознают, как другие люди переживают их комментарии и поведение. Застряв на том, как им быть самими собой, девочки могут вообще не ставить себя на место других. Иными словами, корнем бесчувственности часто является беспечность. Это задержка развития, которая со временем пройдет! Вот несколько моментов, о которых следует помнить, когда речь идет о подростковом буллинге у девочек.

> *Поведение, вызывающее социально-эмоциональные травмы у девочек-подростков, в большинстве случаев является непреднамеренным.*

Назовите проблему буллинга у девочек. Девочки скорее откроются взрослым, которые, как им кажется, имеют представление о том, что происходит в их жизни. Вашей дочери нужно знать, что вы знакомы с информацией о детском буллинге. Поделитесь тем, что вы знаете, и объясните, что девочки могут быть инициаторами, свидетелями или жертвами буллинга. Попросите рассказать, что она об этом знает или что испытала на своем опыте. Скажите, что поддержите ее, если она чувствует, что занималась буллингом, присутствовала, когда издевались над другой девочкой, или стала жертвой. Прочитайте книгу Рейчел Симмонс *The Odd girl out*, чтобы узнать, какие правильные вопросы вы можете задать дочери, чтобы продолжить разговор.

Уважение начинается с дома. Чем больше в родном доме проявляют уважения к детям и прививают ответственность за проявление уважения к другим, тем легче им заметить поведение, которое отклоняется от этих стандартов. Если в вашем доме царит пробуждающая интеллект атмосфера любви, и вы проводите много времени с подростками, возможность их вовлечения в буллинг уменьшается.

Поговорите со школьной администрацией. В некоторых школах все больше понимают проблему буллинга и реагируют на нее. Посмотрите, обеспечивает ли школа вашей дочери обучение и поддержку в том, что касается буллинга. Призывайте к осознанию проблемы и выступайте за антибуллинговые учебные программы.

Следите за временем, проводимым перед экраном. Общение девочек может быть похоже на несущийся поезд социальных сетей. Ваша дочь может принять участие в буллинге, сама не осознавая, что пересекла черту. Она может быть прохожим, наблюдающим за издевательством. Или может стать жертвой буллинга, но не рассказать из страха, что родители вмешаются. Регулярно проверяйте ее активность онлайн. Расширьте ее знания о разных видах буллинга и их потенциально разрушительном эффекте.

Развивайте ее эмоциональный интеллект. Поговорите о том, как вы справляетесь с бурными эмоциями, об эффективных и неэффективных способах, с помощью которых люди справляются с ними. Гнев — не плохое чувство, и, как люди, мы склонны его испытывать. Это эволюционная ценность. То, что люди делают со своим гневом, может быть вредным и жестоким или же мощным и управляемым. Обвинения и злость на других — неумелое проявление гнева, и оно может перерасти в буллинг. Разговоры об эмоциях дома, а также о выборе, который люди могут делать, отвечая на свои чувства, улучшает эмоциональные навыки.

Еще идеи о том, как поддержать вашу дочь в социальном плане

Вы играете важную роль в социальном и эмоциональном развитии дочери. Вот несколько способов превратить любовь и поддержку в конкретные действия.

Создайте обстановку, дружественную подростку. Она хочет проводить много времени с друзьями — это может происходить и в вашем доме! Таким образом вы можете увидеть, кто для нее важен, и будете знать, что она в безопасном, контролируемом месте. Вот несколько идей.

- Определите ключевые фигуры в ее социальной жизни. Узнайте их имена и здоровайтесь с ними, когда они заходят в дом.
- Создайте место, дружественное подросткам, где ваша дочь могла бы проводить время с друзьями. Кресла-мешки, подушки на полу и мягкие одеяла — идеальный набор. Компьютерные игры, бильярдные столы, пинг-понг и настольные игры делают общение подростков веселым.
- Помогите взять фильм напрокат и обеспечьте всю компанию едой.
- Привыкайте проходить там, где собираются подростки, не будучи одним из них. Ваше периодическое присутствие (не вторжение) будет поддерживать хорошее поведение.
- Развивайте отношения с родителями друзей вашей дочери. Поддерживайте связь с ними.

- Если присутствуют мальчики, не извиняйтесь, называя домашние правила: «Ребята, у нас полно еды, так что наслаждайтесь и уберите за собой, когда закончите. Двери остаются открытыми, и вас заберут в 11 часов».

Присоединитесь к другим семьям. Многие подростки предпочитают проводить время со своей семьей, когда вносится разнообразие присутствием других людей. Дети и родители более всего естественны во время групповой активности. Ужин с несколькими семьями, каникулы и прогулки — хороший способ создать положительные эмоции. Вот какая групповая деятельность может помочь вам:

- По очереди организуйте совместные ужины с другими семьями. Приготовленные дома буррито или пицца могут быть легким и отличным вариантом. Подростки могут внести вклад, придумав блюда и развлечения.
- Встречайтесь с другими семьями для дня активности (поход в горы, боулинг, рыбалка или каяки). Пусть подростки спланируют часть развлечений.
- Организуйте походы с палатками с другими семьями. Каждая семья планирует определенное блюдо. Пусть дети придумают шутку для родителей или любую тему, которая их веселит.
- Устраивайте многосемейные традиционные вечера, например «ужастики» по пятницам 13-го, костры в полнолуние со сморами*, благотворительные вечеринки и гаражные распродажи. Возможности бесконечны!

---

* *Смор* (от *англ.* some more — «еще немного») — традиционный американский десерт, который обычно дети едят по вечерам у костра. — *Примеч. ред.*

Сохраняйте ее образ. Когда ваша дочь экспериментирует со своими социально приемлемыми образами, сохраните правду обо всех ее глубоких личностных качествах в своем сознании и сердце. Если она была забавной, заботливой маленькой девочкой с большим сердцем, открытым бездомным животным, помните эти качества. Она, скорее всего, вернет их, когда немного отвлечется от своих социальных проблем.

Помогите ей разнообразить общение. Если кажется, что у вашей дочери недостаточно связей или она меняет группы общения, поищите деятельность, благодаря которой она сможет завести новых друзей. Если школьные друзья приводят ее в уныние, может быть, лучше проводить время с уже знакомыми ей друзьями семьи или с семьей. Она может быть готова к новой деятельности с новой группой детей. Иногда девочки-подростки чувствуют прилив энергии, когда работают с маленькими детьми или пожилыми людьми. Ищите новые связи.

Будьте доступны. Многие девочки говорят о том, что проводят многие часы в одиночестве. Если у девочек проблемы с социальной жизнью, потому что они необщительны, меняют друзей, перерастают друзей или вступают в конфликт, пришло время вам быть рядом. Ваша дочь может захотеть проводить с вами больше времени или ей просто может быть комфортно дома рядом с вами. Девочки, переживающие тяжелые времена в социальной жизни, получают пользу от хороших отношений хотя бы с одним из родителей. Они не обязательно хотят вести долгие разговоры о том, что происходит в их социальной жизни, но им часто нравится чувствовать, что любящий их родитель рядом.

Пусть совершенствует свои навыки выстраивания отношений с вами. Девочки-подростки вырабатывают та-

кие важные навыки, как умение постоять за себя, сказать о том, чего они хотят и что им нужно от людей, четко обозначая границы того, как они хотят, чтобы с ними обращались, и так далее. Это подходящее время заметить, что ваша дочь вырабатывает эти навыки в семье и с вами. Вместо того чтобы сердиться и подавлять ее решимость, когда она противоречит вам, поаплодируйте ее твердости, в то же время показывая ей, когда она переступает черту. Даже если вы не отвечаете согласием на ее просьбу, по возможности подтверждайте ее развивающиеся навыки общения.

Позднее социальное созревание. Семейные связи важнее для детей, поздно устанавливающих социальные связи. Если ваша дочь не имеет круга друзей, вы, ваша семья или близкие друзья семьи можете стать ее главной социальной группой. Знайте, что вы служите очень важной цели и ищете креативные способы мягко и постепенно расширить ее социальные возможности.

К этому моменту вы много узнали о развитии девочек-подростков и способах поддержать свою дочь. Заключительная глава о счастье поможет вам наслаждаться общением с дочерью и своей жизнью более полноценно.

10

Культивируя
счастье

Если вы спросите родителей, чего они действительно хотят для своей дочери, большинство ответят: «Хочу, чтобы она была счастлива!» Даже те родители, которые оказывают давление на дочерей, чтобы те достигли чего-либо, верят, что достижения ведут к успеху, а успех — к счастью. Во фразе «ведет к счастью» заключено убеждение, что счастье — конечная точка, горшок золота в награду, которую получают, когда достижения и цели реализованы. Эта стратегия упускает одну важную истину: если вы несчастливы во время пути, вы не станете внезапно счастливы в его конце.

Но что такое счастье? *Счастье* — это состояние, которое характеризуется положительными эмоциями и чувством значимости. Так как счастье — это состояние сознания, а не конечная точка, если мы не научимся культивировать его по пути, мы можем развалиться на части в процессе или быть слишком выгоревшими, чтобы расцвести, когда доберемся туда. Принимая во внимание высокий уровень стресса, считающийся новой нормой, как подростки, так и родители часто живут надеждой, что каким-то образом в будущем все станет лучше.

> *Если вы несчастливы во время пути, вы не станете внезапно счастливы в его конце.*

Вы можете заметить:

- Счастье кажется расплывчатым понятием, скорее идеалистичным, чем реалистичным.
- Вы (и ваша дочь) тратите больше энергии на выполнение заданий, чем на культивирование счастья — или вы (и ваша дочь) вкладываете недостаточно энергии, выполняя что-либо, поэтому не чувствуете, что счастливы и контролируете свою жизнь.
- Понятие активного культивирования счастья кажется эгоистичным, гедонистическим, неглубоким и незрелым.

Какова цель этой главы? Не ждите будущего! Расширяйте свое ощущение счастья прямо сейчас.

Позитивная психология сделала тему счастья популярной областью исследований. Благодаря множеству изысканий мы знаем больше об обретении и поддержании счастья. Некоторые результаты вас удивят, так что читайте дальше, чтобы узнать, как сберечь и приумножить счастье в вашей семье.

Куда ушло все веселье?

Разве наше веселье, когда мы были детьми, не длилось дольше, чем у наших дочерей? Родители иногда волнуются, что их дочери недостаточно счастливы. Конечно, они кажутся относительно спокойными, когда смотрят фильмы, но достаточно ли в их жизни радости, значимых занятий, смеха и веселья? Или счастье и чувство значимости сошли на нет из-за чрезмерного стресса и великого множества забот, как личных, так и глобальных? У нас тоже были заботы в их возрасте, но они, кажется, действительно испытывают более сильный стресс, и так оно и есть! Не зная лучшего способа, родители пожима-

ют плечами и верят, что наш мир изменился, и девочкам просто нужно с этим справиться.

Вместо того чтобы поддержать девочек-подростков в том, чтобы опустить голову вниз и проталкиваться к цели, или же умолять их оторваться от технологий, чтобы заняться чем-то с нами, мы можем перенаправить родительскую энергию, удивив их. Мы можем заговорить с членами семьи о счастье. Так как культивация счастья придает энергию продуктивности, успеху и благополучию, есть смысл заниматься этим каждый день. Вместо того чтобы служить отвлекающим от продуктивности фактором, оно может стать топливом. Ведь увеличение уровня счастья может иногда быть таким же простым, как выполнение того, что вы и так уже делаете, но другим способом. Вместо того чтобы проглатывать утренний кофе, беспокоясь о предстоящем дне, вы создаете крошечную нишу счастья, выпив кофе на пороге, поглаживая собаку и размышляя о том, за что вы чувствуете благодарность. Есть много, очень много способов поддерживать счастье, и получение запланированного удовольствия от участия в активной повседневной деятельности — лишь один из них.

Слишком долгая задержка удовлетворения

Некоторые девочки-подростки, которых клеймят как ленивых, в действительности испытывают растерянность или паралич заинтересованности. Подростки без занятий не используют жизненную энергию эффективно, и это делает их минимально активными, креативными или общительными. Так как время, проведенное у экрана, не требует физических, социальных или интеллектуальных усилий, девочки без интересов пассивно успокаивают и развлекают себя, бесцельно проводя день.

Девочки, поступающие в колледж, часто заглядывают в свое ближайшее будущее: свобода, веселье и успешность

должны равняться счастью, не так ли? К несчастью, это не всегда так. Год тяжелого стресса, жертвование сбалансированным развитием и задержка ожидаемого результата не готовят их к награде в виде счастья. Национальный опрос в американских колледжах в прошлом году показал, что почти 30 процентов учеников колледжа говорят об ощущении «*такой депрессии, что трудно что-то делать*» (American College Health Association 2010).

Хотя приведенные данные вызывают беспокойство, если рассмотреть эту тенденцию, все становится ясно. Если все больше эмоционально неразвитых девочек-подростков в состоянии стресса выходят, прихрамывая, из школы, чтобы поступить в колледж, почему они вдруг внезапно должны расцвести, когда окружение изменится? Без знания, как обрести счастье и благополучие, переход на следующий жизненный этап приводит к синдрому неудачи, характерному для поздней юности. Вместо того чтобы решить различные проблемы и наслаждаться радостями колледжа, слишком много девочек оказываются в кроличьей норе плохого настроения и неразвитых стратегий преодоления трудностей. Где бы ваша дочь ни находилась на шкале продвижения, сосредоточенность на культивировании настоящего счастья посеет семена здорового развития.

Внутреннее счастье

Президент Американской ассоциации психологии Мартин Селигман в 1998 году открыл новую эру в психологии, когда выбрал счастье в качестве темы изучения. Сотрудничая с другими ведущими психологами, Селигман высек искру, которая вызвала взрыв исследований и публикаций по этой теме. Так как счастье — субъективный опыт, исследователи создали простые опросники-самоотчеты, чтобы определить и оценить факторы, влияющие и не влияющие на него (Seligman 2002).

Счастье: факт и выдумка

Результатом изучения счастья стали интересные и неожиданные находки. Кое-что из того, что мы считали правдой о счастье, оказалось неправдой, и наоборот. Рассмотрим некоторые результаты, которые ближе всего к теме воспитания наших дочерей-подростков.

ВЫДУМКА: больше денег = больше счастья. Это важный результат исследований, потому что наши дочери растут в невероятно материалистической, помешанной на славе и деньгах культуре. Посмотрите по телевизору какое-нибудь реалити-шоу, и вы увидите восхищение нашего мира триадой, получающей высокий рейтинг: богатые, резкие и плохие! Для развивающихся девочек-подростков повторяющиеся сообщения культуры создают впечатление, что деньги действительно покупают счастье.

В своей книге *Stumbling on Happiness* («Наткнувшись на счастье») исследователь Дэн Гилберт (2006) разрушил миф о том, что деньги покупают счастье, определив, что, хотя деньги имеют большое влияние, когда люди настолько бедны, что не могут обеспечить базовых потребностей, деньги сами по себе не делают их счастливее. Другими словами, богатые люди не счастливее людей, у которых денег нет. Человек быстро привыкает к счастью, создаваемому новой роскошью, которую можно купить за деньги, нейтрализуя таким образом изначальный восторг.

ФАКТ: более высокий доход + материальное благосостояние ≠ счастье. Если более высокий доход и материальные блага не делают людей счастливыми, то что делает? Профессиональная самореализация и хорошие социальные связи. Удовольствие от своей работы и ощущение связи с людьми повышает счастье. Таким образом,

Гилберт призывает людей заниматься работой, которая им нравится, и активно взращивать социальные отношения.

Во время поездки на машине или за ужином начните разговор и попросите членов своей семьи дать их собственное определение счастья. Принимайте и цените все ответы. Вы можете развить тему, поговорив о том, что делает их счастливыми или когда и с кем они чувствуют себя счастливее всего. Если вашей семье нравится разговор, попросите назвать пять лучших воспоминаний. Даже воспоминания и разговоры о счастье помогают людям чувствовать себя счастливее, так что у этого упражнения много плюсов: оно вводит тему как достойную внимания, приглашает людей поговорить, подумать и вспомнить. И служит трамплином для дальнейшего разговора о ценности счастья.

Выбирая счастье

Некоторые люди презрительно относятся к вопросу о счастье при выборе пути и планировании жизни, считая, что это легкомысленно или мелко. Вместо того чтобы ощущать презрение, лучше рассматривать счастье как большой, пышный, сочный пирог, от которого вы откусываете кусочек. Откусывая кусочки (и наслаждаясь ими!), вы создаете волны доброжелательности везде, куда бы ни пошли, со всеми, кого встречаете, и во всем, что делаете. Понимание того, как проживать свою жизнь, максимально увеличивая пространство счастья, — подарок для всех, так что в любом случае выбирайте счастье.

Счастье и значимая работа

Помните составление общей картины в пятой главе? Мы снова можем воспользоваться этим здесь, чтобы соединить работу и удовлетворение от нее, так как это сочетание поддерживает уровень счастья. Когда ваша дочь рассказывает о своих занятиях, вставляйте в разговор комментарии, которые связывают с работой важность личного удовлетворения от нее. Хотя лучше избегать негативных высказываний об интересах дочери, вы можете облегчить ей дальнейшее исследование или помочь в сборе информации. (Часто девочки будут сами отказываться от разных идей, и лучше для них делать это без родительского вмешательства.) Например, одного отца беспокоила заинтересованность дочери военной сферой. Вместо того чтобы выразить обеспокоенность, он стал вместе с ней читать в интернете, чтобы больше узнать о ее интересах.

Вы также можете создать общую картину, отмечая словами человека, который олицетворяет удовлетворение работой: «Райли, разве это не круто, что некоторым просто нравится их работа и это видно?» Иногда вы можете даже начать с людьми разговор об их работе и спросить, что они думают о ней. Ищите возможности создать общую картину вместе с вашей дочерью, чтобы: а) заронить мысли о том, что удовлетворение от работы важно, б) услышать ее мысли, идеи и наблюдения и в) дать ей энергию для новых исследований. Вы снова даете ей понять, что мысли о счастье правильные и ценные, так как концентрируете свое внимание на паре «счастье — работа».

Мы можем сказать нашим девочкам, что, даже если они не будут счастливы каждую секунду, они могут и должны сознательно делать выбор, который питает их счастье. Так как работа занимает большую часть взрослой жизни, наши дочери станут счастливее, если будут заниматься работой, которая им нравится и имеет для них значение. Конечно, поскольку девочки еще только узнают свои таланты и способности, а также интересы, они часто не уверены в выборе карьеры. Одна мама поделилась историей поддержки, которую получила при выборе значимой работы.

Никогда не забуду учителя английского в старших классах, который спросил меня, почему я хочу стать адвокатом. Я ответила: «Чтобы зарабатывать много денег и быть уважаемой другими людьми». Он посоветовал мне серьезно пересмотреть выбор, основанный на причинах, которые я назвала. Он спросил, чем мне действительно хотелось бы заняться, если бы деньги и престиж не были моими высшими приоритетами. Я никогда сильно не задумывалась о том, что хотела бы делать, и никто меня и не спрашивал. В результате я изменила свой путь и пошла в ту сферу, которая меня очень интересовала и многое для меня значила. С тех пор я никогда не боялась своей работы. Конечно же, мне время от времени хотелось бы иметь больше отпусков и зарплату повыше, но мне нравится то, что я делаю, и это соответствует тому, кем я являюсь. Я хочу, чтобы мои дети знали, что они должны выбрать работу, которую любят.

> *Люди создают желаемое в жизни, определив и отпустив то, чего они не хотят.*

Мы можем поддерживать наших дочерей, пока они определяют, что им интересно и что нет, помогая рассказывать об их впечатлениях, проблемах и заботах. Например, я слышала от многих девочек-подростков, что они хотели бы изучать психологию, но боятся, что это сделает их слишком грустными. Такие комментарии дают мне возможность поделиться чувством полноценности, которое я нахожу в своей работе. Я рассказываю девочкам, что воспитывала убеждения и привычки, которые поддерживают меня, помогая чувствовать себя достаточно счастливой и благодарной большую часть времени. Когда я испытываю сочувствие к клиентам, переживающим трудные времена, я не принимаю на себя эмоции других людей и не страдаю за них. Это было бы не только болезненно и изматывающе, но и просто помешало бы мне помогать. Я также рассказываю о различных возможностях, которые открываются для работы в сфере психологии, как и о подробностях процесса обучения. Девочкам-подросткам нужно поговорить со многими взрослыми разных профессий, чтобы они могли получить широкий спектр отзывов. Подумайте о том, как вы можете поддержать этот процесс. Иногда необходимо убедить девочек-подростков, что исследования, связанные с работой, полезны, даже если в итоге они отказываются от дальнейшего изучения. Один из способов, каким люди создают в жизни то, что *хотят*, — определить и избавиться от того, чего они не хотят. Девочки-подростки получают пользу от поддержки в исследовании, опыте, изучении и пересмотре своих интересов с целью найти работу, которая им нравится.

Упражнение «Изучение интересов»

Быстро и весело обсудите с дочерью ее мысли о работе, которая ей понравилась бы. Вместе составьте список ее сильных сторон, интересов и талантов. Одна мама с дочерью написали: «Джесси интересуют люди, она экстраверт. Она больше всего счастлива, когда рядом с ней люди. Она очень энергична, хороший собеседник и стратегически мыслит. Также она сохраняет спокойствие под давлением. Она любит разговаривать и обсуждать».

Мои сильные стороны:

Мои интересы:

_____

_____

Мои таланты:

_____

_____

Обсудите работу и профессии, в которых ваша дочь сможет реализовать свои сильные стороны, интересы и таланты. Джесси и ее мама написали: «Джесси хотела бы руководить людьми и проектами. Ее привлекает сама атмосфера бизнеса, и управление производством товаров или услуг кажется ей интересным».

Приветствуйте все идеи и запишите их ниже.

Возможные работа и профессии:

_____

_____

Есть ли сфера деятельности, о которой ваша дочь хотела бы узнать больше? Если да, то какая? Джесси перечислила следующие: управление отелем, реклама, маркетинг или связи с общественностью, работа, в которой вы запускаете производство, бизнес, в котором разные группы нужно направлять к цели.

Сферы работы, которые я хотела бы рассмотреть:

_____

_____

Подумав над информацией, указанной выше, скажите, куда ваша дочь может обратиться, чтобы получить больше практической информации? Эти источники информации могут включать друзей или родственников, которые работают в разных сферах, консультантов по

профессиональным вопросам, ярмарки вакансий или печатные материалы.

Проверьте следующие ресурсы:

_____

_____

_____

Девочки-подростки получают пользу от шутливых, легких обсуждений, которые помогут им позитивно и с надеждой смотреть в будущее. Соединяя представление о будущей работе с ее сильными сторонами, интересами и талантами, вы наставляете ее на правильный путь.

Счастье и отношения

Наравне с удовлетворением от работы ощущение счастья связано с хорошими социальными отношениями. Хотя в девятой главе вы только узнали о социальных отношениях девочек-подростков, вы также можете улучшить навыки отношений вашей дочери в контексте ее отношений с вами. Поскольку делать акцент на хорошем всегда эффективнее, чем концентрироваться на плохом, помогите ей обрести прочную социальную идентичность, прокомментировав то, что видите и чувствуете. Например: «Знаешь, Бет, ты была такой спокойной и так помогла мне, когда сегодня утром я не могла найти ключи. Это действительно много для меня значит. Могу поспорить, что ты и с друзьями ведешь себя так же». У Бет было настроение поговорить с отцом и поделиться несколькими примерами того, как она спокойно поддержала своих друзей. Помогите девочкам-подросткам ценить свои сильные социальные стороны, и это в, свою очередь, поможет им обрести надежную социальную идентичность и уверенность в себе.

Некоторые девочки нуждаются в поддержке при освоении навыков дружбы. Обычно социальное недовольство девочек вызывают ровесницы, которые говорят только о себе, напористые, стремящиеся к превосходству, не умеющие выслушать других и выражающие слишком много негатива. Одна мама заметила привычку своей дочери перебивать друзей, однако девочка не замечала их раздражения. Маме казалось, что будет полезнее подождать, пока дочь не поведет себя так же и с ней, чтобы сочувствующе обратить ее внимание на эту привычку: «Знаю, что ты не заметила этого, милая, но ты только что прервала меня. Меня это действительно раздражает, хотя я знаю, что ты не хотела грубить».

Этот разговор достиг успеха большей частью потому, что эта мама рассказала, как в свое время тоже боролась с привычкой перебивать людей. Но она поработала над этой проблемой, чтобы улучшить свои отношения. Хотя такой отзыв сначала обидел подростка, умелое саморазоблачение мамы и доброжелательный подход помогли девочке принять и учесть этот отзыв. Мама и дочь даже создали стратегию борьбы с такой привычкой. Она включала в себя мысленное повторение слов «слушать спокойно и расслабленно» во время речи. Через неделю девочка рассказала об улучшившемся общении с друзьями и чувстве гордости из-за способности измениться.

Для успешного социального взаимодействия призывайте дочерей улыбаться, проявлять теплоту и доброжелательность, выражать интерес, предлагать поддержку и признавать границы. Я говорю девочкам-подросткам, что в социальном плане все хотят одного и того же: знать, что они в безопасности! Люди, которые улыбаются и проявляют дружелюбие, помогают людям, находящимся рядом с ними, расслабиться. Они выглядят эмоционально безопасными. Когда девочки-подростки чувствуют доверие к другим людям, они склонны делиться более личной информацией о себе. Чтобы поддержать хорошие, здоровые границы, девочки не должны делиться личной информацией, из-за чего они чувствуют себя уязвимыми или эмоционально беззащитными.

> *В социальном плане все хотят одного и того же: знать, что они в безопасности!*

Девочки-подростки, желающие расширить социальные связи, извлекают пользу из сочетания зрительного контакта и улыбки. Я предлагаю девочкам-подросткам поэкспериментировать с днем «притворяйся, пока не почувствуешь», когда они будут излучать теплоту и уверенность весь день. Чтобы излучать уверенность, они должны ощутить убежденность и веру в себя, которую они передают через зрительный контакт, улыбку, походку или общение с чувством собственного достоинства, а также установление контакта с другими. Дружественный жест может быть так же прост, как обращение: «Привет, как дела?» — к сидящему за соседней партой на уроке биологии. Результаты этого эксперимента дают ощущение силы вместе с положительным социальным импульсом, который может значительно улучшить день — и вашей дочери, и кого-то другого.

Даже если ваша дочь закатывает глаза, когда вы напоминаете ей поздороваться с соседями по пути домой, она все равно вас слышит. Чем позитивнее будет стиль напоминания, тем лучше она это воспримет: «Эй, Микаэла, не забудь найти время и поздороваться с соседями. Твоя улыбка много значит».

Есть одна причина, по которой девочки-подростки любят терапию: они могут больше узнать о самих себе. Часто, когда я обсуждаю определенные качества девочки,

меня умиляют ее ответное удивление и восторг. Например, я могу сказать, что она проявляет впечатляющую способность гибко думать о ситуации. Она сияет и улыбается, потому что раньше эту ее сильную сторону не ценили. Впитывание размышлений позволяет ей расширить восприятие самой себя и ценить то, что она может предложить. Девочки-подростки в своей жизни нуждаются в заботливых родителях по многим причинам, и позитивные размышления — одна из них.

Упражнение «Сильные стороны в отношениях»

Вместе обсудите и запишите сильные стороны вашей дочери в отношениях. Например, Ава и ее папа написали: «Ава прямолинейная и честная с друзьями. Она искренняя, и люди это чувствуют. Она вызывает доверие, и ее друзья постоянно делятся с ней секретами. Она веселая и непосредственная. Она не боится показаться смешной».

Мои сильные стороны в отношениях:

_____

_____

_____

Попросите свою дочь рассмотреть социальные моменты, в которых она хотела бы совершенствоваться. Иногда, чтобы подойти к этой информации, следует спросить, говорят ли ей друзья о том, что стоило бы изменить. Одна девочка призналась родителю, что друзья заявили, будто она слишком много шутит. А другой родитель узнал от дочери, что ее друзья считают, что она срывает общие планы ради своего парня.

Ава и ее папа написали: «Ава хочет быть более открытой с новыми знакомыми, вместо того чтобы ограничивать свое общение только близкими друзьями.

Она хочет быть социально более открытой, и это будет отличной практикой перед колледжем».

Сферы, которые я хотела бы улучшить:

_____

_____

_____

Теперь вы и ваша дочь знаете, что нужно поддерживать и чему учиться. Понимание важности удовлетворения от работы и крепких социальных связей помогут вам привести свою дочь к подлинному источнику счастья.

Создание большего счастья

Исследователь Соня Любомирски в своей книге *The How of Happiness* (2007) утверждает, что, тогда как 50 процентов нашего счастья определяется генетически, только 10 процентов вызвано жизненными обстоятельствами (достатком, красотой, браком) и целых 40 процентов остается нам для игры и экспериментов. Любомирски предлагает воспользоваться 40 процентами, которые зависят от нас самих, наилучшим способом.

Развитие полезных привычек, таких как упражнения и медитация, оказывает на счастье огромное влияние. Незаметные, но эффективные практики, такие как тренировка прощения и благодарности, также повышают счастья. Обучение присутствию в настоящем моменте вместо чрезмерных размышлений, волнений и забот не всегда дается легко, но оно точно помогает людям почувствовать счастье. Что могут сказать члены вашей семьи о привычках, выборе или поведении, которое повышает счастья в их жизни?

Начинаем говорить о *потоке*

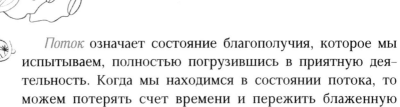

Поток означает состояние благополучия, которое мы испытываем, полностью погрузившись в приятную деятельность. Когда мы находимся в состоянии потока, то можем потерять счет времени и пережить блаженную вовлеченность в свою деятельность. Вот как некоторые родители описали свое ощущение потока:

- Я бегаю, и всегда считал это своей терапией, но, может быть, бег, скорее, моя деятельность потока. Я делаю перерыв и не размышляю, пока бегаю, и чувствую себя отлично.
- Садоводство — моя деятельность потока. Когда я работаю в своем саду, два часа могут пролететь, как две минуты.
- Игра на музыкальных инструментах — время, когда я наиболее счастлив и сконцентрирован. Это измененное состояние сознания, обновляющее меня.

Упражнение «Усиление потока»

Обсудите идею потока с вашей дочерью. Помогите ей определить ее деятельность потока и перечислите ниже.

Моя деятельность потока:

_____

_____

_____

Что я чувствую благодаря этой деятельности?

_____

_____

_____

Отец тринадцатилетней клиентки, которой было трудно определить свою деятельность потока, отвел ее в художественный магазин, где она выбрала себе набор начинающего каллиграфа. Он очень ей понравился, и она посвятила каллиграфии часть времени, проводимого перед экраном. Многим девочкам-подросткам ощущение потока дают танцы, спорт или музыка. В идеале поток станет постоянной частью расписания вашей дочери.

Деятельность, которая расширяет пространство счастья, можно практиковать индивидуально и/или всей семьей. Один из видов, который вы можете рассмотреть, — это практика благодарности.

Практика благодарности

Исследователи Роберт Эммонс и М. Е. МакКаллоу (2003) привлекли мировое внимание к концепту благодарности, отметив, что, сосредотачиваясь на том, за что благодарны, мы расширяем чувство счастья и излучаем тепло в другие аспекты нашей жизни. Если вы поработаете над расширением чувства счастья, скорее всего, поймете, что полнее наслаждаетесь прекрасными моментами своей жизни.

Инициируйте ритуал благодарности за ужином в кругу семьи, поделившись тем, за что вы благодарны. Предложите членам вашей семьи сделать то же самое. Этот ритуал прекрасен, потому что вы все слышите краткий пересказ событий дня других членов семьи и в то же время практикуете концентрацию на позитивном, а это становится привычкой счастья. Когда все к этому привыкнут, можете отмечать благодарность и вне ужина.

Ведите дневник благодарности

Вы можете принять решение вести дневник благодарности, в который будете записывать все, за что благодарны. Когда вы таким образом выражаете благодарность, можете заметить, что думаете о вещах, которые запишете позже. Это маленький, но очень сильный сдвиг в мышлении: ваш разум отслеживает, отмечает и записывает положительные вещи. Поскольку наши ощущения создает то, на чем мы концентрируемся, почему бы не сосредоточиться на том, за что мы испытываем благодарность. Вы заметите чудесный эффект, включая подъем энергии, улучшение отношений, настроения, повышенную способность прощать и сочувствовать и многое другое. Девочки-подростки обычно любят вести личный дневник благодарности. Вы можете вместе с дочерью выбрать ей дневник или обеспечить ее необходимым материалом для его создания.

Вот примеры того, чем многие мои клиенты-подростки делились из своих дневников благодарности.

Сегодня я благодарна за:

- лимонный пирог мамы;
- терпение папы, когда он учил меня водить машину;
- сон,
- дыхание моего щенка;
- уютную постель и желтое пуховое одеяло;
- смех моей лучшей подруги.

Со временем практика благодарности станет естественной частью вашего сознания. Благодарность и незаметна, и весьма сильна, так как включает в себя обучение самого себя внимательности, признательности и наслаждению всем спектром прекрасных моментов вашей жизни.

Переопределение «На пути»

Если наша культура провозглашает подросткам и их родителям: «Будь на пути к успеху, не сходи с него», мы, родители, можем культивировать часть пути. Как отмечалось в седьмой главе, девочки могут настолько сосредоточиться на своевременном выполнении всех заданий, что пожертвуют балансом и благополучием. Отказ от деятельности и выполнения заданий — не решение. Как родители, мы просто должны убедиться, что наши дочери готовы к заданиям и деятельности, что они занимаются, потому что *действительно* хотят этого, и что их задания разумны и дают в целом позитивный опыт. Нам, возможно, придется вмешаться, когда выбор или интенсивность задачи душит радость дочери и ее значимость. Когда соотношение «стресс/счастье» не в пользу девочек, они нуждаются в нашей поддержке, чтобы оставить задачи и выбрать деятельность, которая поможет обрести больше счастья.

Пересмотр задач и оценка соотношения «стресс/счастье» поможет защитить вашу дочь и сейчас, и в будущем. Когда вы садитесь с ней выполнять упражнение, приведенное ниже, вы посылаете ей сообщение о важности счастья. Вместо того чтобы чувствовать себя поверхностной или легкомысленной из-за поиска и обретения счастья в своей жизни, дочь ощутит здоровое право на то, чтобы построить жизнь, где есть место счастью.

Упражнение «По пути со счастьем»

Шаг 1. Вместе с дочерью составьте список видов ее деятельности и задач. Потом сделайте паузу и вместе рассмотрите его.

Деятельность/ Задача	Уровень стресса	Уровень счастья

Шаг 2. Пусть ваша дочь измерит уровень стресса, который она испытывает из-за каждой деятельности/задачи, используя шкалу от 1 до 10 (где 1 — очень низкий уровень стресса; 10 — очень высокий уровень стресса). Потом сделайте паузу, чтобы она могла эмоционально отметить чувства, которые могут всплыть на поверхность.

Шаг 3. Пусть ваша дочь измерит уровень счастья, которое испытывает во время какой-то деятельности или выполнения задачи, используя шкалу от 1 до 10 (где 1 — низкий уровень счастья; 10 — высокий уровень счастья). (Вы можете обнаружить, что дочери нужно определиться с тем, что для нее значит счастье.) После этого шага снова сделайте паузу, чтобы дочь могла взглянуть на свою жизнь с этой точки зрения. Рассмотрение проблем в такой открытой форме помогает девочкам эмоционально отметить и рационально оценить качество и количество ее занятий.

Шаг 4. Спросите, хотела бы ваша дочь что-то изменить в списке. В зависимости от уровня стресса и несчастья от некоторых обязательств иногда избав-

Дочь-подросток

ляются, чтобы восстановить благополучие подростка. Это сложно, но позитивного настроя здоровья вашей дочери важнее. Иногда задача может быть выполнена, но принято решение не возвращаться к ней в будущем.

Еще несколько идей для повышения уровня счастья

Знаете, что добро приводит к добру? А счастье приводит к большему счастью! Сохраняйте свой импульс, интегрируя эти идеи во все возрастающий репертуар счастливой деятельности вашей семьи.

Подталкивание к размышлению. Добрые и продуманные действия согревают отношения, как золотые лучи солнечного света. Для девочек характерно в процессе развития быть поглощенными собственной жизнью, поэтому осторожно подтолкните дочь к размышлению: «Кара, ты спрашивала, как там ангина Квинн? Помню, как одиноко тебе было, когда ты болела мононуклеозом. Если хочешь, можем занести ей журнал или типа того».

Дайте возможность повеселиться. Ищите возможности привнести веселье и игру в жизнь своей дочери. Игры — хороший антистресс, а всем нам надо снова почувствовать себя ребенком. Глина Play-Doh, Silly Putty, пузырьки, йо-йо, жонглирование, переодевание, аквагрим, шарики с водой, водяные пистолеты, смэшбол или недорогие игрушки, которые ей нравились в детстве, могут время от времени снова вызывать интерес вашей дочери. Проводит ли она время с друзьями или семьей, эти веселые моменты дают возможность хорошо повеселиться.

Справляйтесь со своим стрессом. Чтобы быть счастливыми, вы и ваша дочь нуждаетесь в хороших мощных

способах борьбы со стрессом. Срыв — это ужасно, он расстраивает других людей и никуда не приводит нас при решении проблемы. Сдерживание стресса внутри кажется ужасным, вызывает депрессию и тревожность и тоже никуда нас не приводит. Хорошее, мощное решение проблем включает в себя правильное дыхание в стрессовые моменты, сохранение контроля над своим поведением и коммуникацией, перерывы, когда это необходимо, и принятие решений, которые нужно выполнять пошагово. Если вы сильно подвержены стрессу, получите поддержку через программу борьбы со стрессом или программу, основанную на осознанном снижении стресса (техника внимательности) (MBSR) в вашем районе. Посмотрите, что доступно.

Прощайте и забывайте. При умелом подходе работа над стрессом создает глубокую связь между людьми. Когда между вами и дочерью возникает конфликт, извинитесь, когда это приемлемо (искренне и сильно), и регулярно прощайте (с искренним желанием и полностью). Тяжесть от необходимости вернуть доверие вызывает у девочек-подростков стыд и не приносит пользы. Вместо того чтобы поставить на ней клеймо «плохая», полностью простите ее и выскажите свои ожидания относительно будущего поведения с оптимизмом и добротой.

Наслаждайтесь маленькими радостями жизни. Когда дочь видит, насколько вы наслаждаетесь маленькими радостями жизни, ваша радость дает ей ощущение безопасности и показывает путь настоящего счастья. Победитель лотереи не счастливее мамы, которая жарким днем наслаждается манговым мороженым и одновременно расслабляется на пластиковом стуле рядом с поливальной машиной. Или папы, который благодарит судьбу за многое, включая дочь-подростка, которая зовет его папочкой, когда ее друзей нет рядом.

Живите настоящим моментом. В любой момент большинство из нас может осознать, что у нас все хорошо. Конечно же, стресс и проблемы повсюду вокруг нас, но беспокойство не меняет результата! Постарайтесь жить настоящим моментом — понемногу каждый день (а не застревать в будущем или прошлом). Это называется осознанной медитацией, и вы можете практиковать ее, когда гладите собаку или даже моете посуду. Направьте все свое внимание на здесь и сейчас, притормозив и слегка отстранившись от ваших пяти миллионов мыслей, чтобы присутствовать в настоящем моменте. Следите за вашим медленным ровным дыханием или выражением мордочки вашей собаки, когда вы ее гладите, или цветом травы. Всему, что бы вы ни ощущали. Если скоро вас затягивают обратно мысли о будущем или прошлом, это нормально! Вот почему осознанность называется практикой.

Поздравляю вас с завершением «Воспитания девочки-подростка»! В этот момент я испытываю благодарность, поделившись книгой с вами. Как и вы, я продолжу стараться изо всех сил воспитывать девочек-подростков, зная, что временами будет легче, а иногда сложнее. Надеюсь, что полученные идеи и подсказки поддержат вас в максимизации положительных моментов, в то же время помогая пройти испытания.

Будьте счастливы с вашей дочерью!

Список литературы

American College Health Association. *American College Health Association–National College Health Assessment II: Reference Group Data Report Fall 2010.* [Electronic resource]. Linthicum, MD: American College Health Association, 2011. . Mode of access: Accessed September 26, 2011. www.acha-ncha.org.

Associated Press–MTV Poll. 2007. *Youth Happiness Study.* Accessed June 22, 2010. Mode of access: http://www.mtv.com/thinkmtv/about/pdfs/APMTV_happinesspoll.pdf

Califano, Jr., J. A. *How to Raise a Drug-Free Kid.* N.Y.: Fireside, 2009.

Carskadon, M. A. *Adolescent Sleep Patterns: Biological, Social, and Psychological Influences.* N.Y.: Cambridge University Press, 2002.

Cohen–Sandler, R. *Stressed-Out Girls: Helping Them Survive in the Age of Pressure.* N.Y.: Penguin Books, 2006.

Doe, M. *Nurturing Your Teenager's Soul.* N.Y.: Perigee, 2004.

Emmons, R. A., and McCullough, M. E. Counting Blessings versus Burdens: An Experimental Investigation of Gratitude and Subjective Well-Being in Daily Life. *Journal of Personality and Social Psychology,* 2003. 84: 377–89.

Gilbert, D. *Stumbling on Happiness.* N.Y.: Alfred A. Knopf, 2006.

Lamontagne, S. 2010. Daily Media Use Among Children and Teens Up Dramatically from Five Years Ago. [Electronic resource]. Kaiser Family Foundation. Accessed April 12, 2010. . Mode of access: www.kff.org/entmedia/entmedia012010nr.cfm.

Lyubomirsky, S. *The How of Happiness.* N.Y.: Penguin Books, 2007.

National Institute on Drug Abuse. 2010. NIDA InfoFacts: *High School and Youth Trends.* [Electronic resource]. Accessed September 20, 2010. Mode of access: www.drugabuse.gov/infofacts/hsyouthtrends.html.

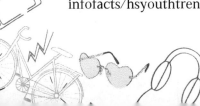

Pope, D. *SOS: Stressed Out Students.* Lecture presented at the Challenge Success Fall Conference, Stanford University, Palo Alto, 2008. CA. challengesuccess.org.

Seligman, M. *Authentic Happiness.* N.Y.: Free Press, 2002.

Siegel, D. *Mindful Brain.* N.Y.: W. W. Norton, 2007.

Simmons, R. *Odd Girl Out.* N.Y.: Harcourt, 2002.

Steinberg, L. D., and W. Steinberg. *Crossing Paths: How Your Child's Adolescence Triggers Your Own Crisis.* N.Y.: Simon & Schuster, 1994.

Strauch, B. *The Primal Teen.* N.Y.: Anchor Books, 2004.

University of Minnesota. 2002. Later Start Times for Students. [Electronic resource]. Accessed February 3, 2011. Mode of access: www.cehd.umn.edu/research/highlights/Sleep/default.html.

YMCA Parent and Teen Final Report. 2000. *Talking with Teens.* [Electronic resource]. Accessed April 3, 2009. Mode of access: http://clinton4.nara.gov/WH/EOP/First_Lady/html/teens/survey.html.

Источники, переведенные на русский язык

Любомирски С. Психология счастья. Новый подход. СПб.: Питер, 2014.

Селигман М. В поисках счастья. М.: Манн, Иванов и Фербер, 2011.

Сигел Д. Внимательный мозг. Научный взгляд на медитацию. М.: Манн, Иванов и Фербер, 2016.

Стейнберг Л. Переходный возраст. Не упустите момент. М.: Манн, Иванов и Фербер, 2017.

Люси Хеммен, *доктор философии, лицензированный клинический психолог, более двадцати лет работающий над укреплением коммуникаций между подростками и родителями. Люси Хеммен — мать двоих дочерей-подростков, Марли и Дейзи. Живет и работает в Санта-Круз, Калифорния.*

Научно-популярное издание

Хеммен Люси

ДОЧЬ-ПОДРОСТОК
Экспресс-курс по разрешению конфликтов, общению и установлению связи с ребенком

Подписано в печать 15.01.2021.
Формат 60 × 90 $^1/_{16}$. Печ. л. 17. Доп. тираж 300 экз.

Налоговая льгота — общероссийский классификатор продукции ОК-005-93, том 2;
953130 — литература по философским наукам, социологии, психологии

Издательская группа «Весь»
197101, Санкт-Петербург, а/я 88.
E-mail: info@vesbook.ru

Посетите наш сайт: http://www.vesbook.ru

Вы можете заказать наши книги:
по телефону: 8-800-333-00-76
(ПО РОССИИ ЗВОНКИ БЕСПЛАТНЫЕ)

Отпечатано в АО «Т8 Издательские Технологии» (АО «Т8»)
109316, Москва, Волгоградский проспект, дом 42, корпус 5

КАК СНИЗИТЬ АГРЕССИЮ ПОДРОСТКА И НАЛАДИТЬ С НИМ ОТНОШЕНИЯ

Абблетт Митч Р.

ISBN 978-5-9573-3329-6

Ваш подросток все время в гневе или отгородился от семьи, замечая вас лишь для того, чтобы попросить денег? Хлопает дверью, срывается и винит вас во всем каждый раз, когда сталкивается с трудностями? Воспитание «проблемного» подростка — задача не из легких. Вам тяжело сохранять самообладание, и вы боитесь, что ваши отношения обречены? Хорошая новость — существуют способы прекратить вспышки подросткового гнева и восстановить здоровые, прочные взаимоотношения с ребенком.

Книга поможет вам:

- разобраться в причинах и возможных психологических факторах подросткового гнева;
- узнать о бессознательных моделях поведения в отношениях родитель-ребенок, которые могут вызывать агрессию;
- использовать техники осознанности и позитивной психологии для налаживания отношений;
- научиться адекватно реагировать на проявление подростковой агрессии;
- справляться с кризисными ситуациями, сохраняя самообладание и сострадание;
- направлять подростка к новому стилю общения, чтобы прекратить конфликты и обрести мир в семье;
- понять, когда пора обращаться за помощью к профессионалам.

Помимо теории, автор дает техники и упражнения, которые помогут родителям и детям слышать друг друга.

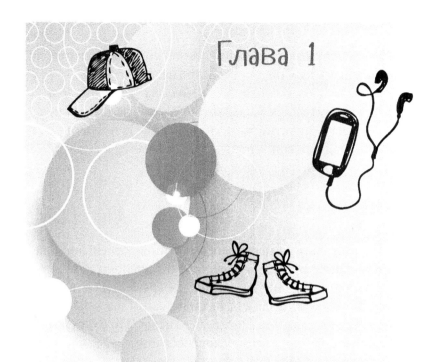

Глава 1

ПОДРОСТКОВЫЙ ГНЕВ: ПРОБЛЕМА И РЕШЕНИЕ

Итак, вы поразмыслили над вопросами, поставленными во введении, и теперь уверены, что эта книга — то, что вам нужно. Перед тем как мы перейдем к основному методу работы — практическим навыкам и стратегиям, необходимо разобраться в природе подросткового гнева. Без этого понимания все ваши труды и добрые намерения будут обречены на провал.

Эта глава поможет вам:

* разобраться в причинах и возможных психологических факторах подросткового гнева;
* узнать о бессознательных моделях поведения в отношениях родитель–ребенок, которые могут вызывать гнев;
* начать практиковать осознавание и техники позитивной психологии и понять, как их элементы встроены в метод, предложенный в этой книге.

Глубокие корни гнева

Представьте на месте своей гостиной, освещенной ярким экраном телевизора, пещеру с холодным каменным полом и колеблющимся светом костра. Вы — доисторический человек, и на вашу семью охотится саблезубый тигр. Что вы сможете сделать без гнева? Что будет с вами и вашим родом, со всем человечеством?

Тысячелетиями гнев защищал нас от физической угрозы. В процессе эволюции в нашем мозгу сформировались лимбические структуры, запускающие определенные реакции с целью самосохранения в актуальных условиях, а именно реакции борьбы, бегства или замирания. Это позволило нашему виду пережить многие опасности и сохраниться до наших дней.

Что если бы доисторические люди садились в позу лотоса рядом со своими пещерами и часами медитировали с закрытыми глазами? Так можно было бы реализовать практику собственного присутствия в мире, однако этот огонек осознавания быстро бы погас, например, с появлением голодного тигра. Без гнева — в отсутствие яростного желания драться, защищая себя, — в первобытном мире, полном опасностей, было бы не выжить, и никакая медитация бы не помогла.

В то время как наша способность ощущать гнев является естественной и необходимой, она то и дело создает нам проблемы. Несмотря на то что в современном мире тигры нам не угрожают, мы тем не менее нередко вспыхиваем гневом и можем наломать немало дров. Для древнего устройства нашего мозга не имеет значения повод, она просто выводит нас в режим экстренной боеготовности. Да, злиться — это нормально и естественно, однако в современном мире «естественно» — совсем не значит идеально. Сегодня человеку необходимо учиться осознавать себя, чтобы самостоятельно корректировать свои, порой разрушительные, реакции, сложившиеся за миллиарды лет эволюции человеческого вида.

В некоторых ситуациях, например, в конфликтах с ребенком, мы можем испытывать подобные «доисторические» реакции.

Несколько лет назад, зимним утром, собираясь в детский сад, моя дочь решила не надевать пальто.

«Селия, надень, пожалуйста, пальто», — попросил я.

Я уже опаздывал — как раз на свою лекцию о важности осознавания для родителей.

«Нет, — огрызнулась она, — я его не надену!»

У меня внутри проснулся пещерный человек. Я опаздываю… Мои планы на день рушатся… Она ведет себя просто возмутительно, уже не в первый раз и явно специально… Все эти мысли не оставляли мне никакого шанса на осознавание.

«Надень пальто, папа уже опаздывает».

«Нет! — завопила она, плюхнувшись на пол кухни. Туфли, которые мне с таким трудом удалось надеть ей на ноги, полетели в комнату. — Никакого пальто!»

Напоминаю: я учу людей осознаванию — и всегда подчеркиваю его важность перед практикантами, участниками семинаров и родителями, с которыми работаю.

И вот в то утро я схватил пальто, наклонился к самому лицу дочери и прорычал: «Надень это чертово пальто!»

Она замерла и позволила мне надеть на нее пальто.

По пути в школу мы оба молчали. Обычно Селия болтает без умолку, но в тот день, пристегнутая к своему креслу, она сидела необычайно тихо. Меня же накрыло волной стыда: я, пропагандист осознавания, позволил себе в гневе нагрубить собственной дочери.

В какой-то момент Селия подала голос с заднего сидения: «Папа, я не хочу носить чертово пальто». Ее голос был столь же милым, сколь горькой была моя вина.

Я делюсь этим не делающим мне чести эпизодом из собственного родительского опыта, чтобы показать, что выработанные в процессе эволюции реакции мозга в виде приступов гнева свойственны всем. Вам никогда не избавиться от гнева полностью, как и вашему ребенку, однако нельзя позволять гневу отравлять вашу жизнь и отношения. Существует путь, следуя которому, можно изменить природные реакции, и эта книга покажет вам этот путь — который начинается с понимания базовых факторов возникновения гнева у подростка.

Не бывает дыма без огня: из какой искры возгорается подростковый гнев

Подростки своим поведением посылают сообщения родителям — порой в виде неприятных, агрессивных выпадов. Я объединяю все эти послания акронимом УППМ (вскоре я поясню, что значат эти буквы). Родителям нужно реагировать именно на послание, заключенное в поведении ребенка, а не на способ его донести. Во многих случаях подростковый гнев — это попытка (порой сознательная, но чаще нет) объявить о том, что некие базовые потребности не удовлетворяются, несправедливо игнорируются, в частности — вами.

Подростков переполняет гнев, когда им кажется, что они не получают:

Уважение. Подростки могут кипеть от возмущения в разговоре с родителями, потому что им кажется, будто родители считают их недостойными уважения. Подростки часто считают себя более дееспособными, чем их родители готовы признать.

Пространство. Подростки часто нуждаются в том, чтобы родители предоставили им физическое и эмоциональное пространство для экспериментов — чтобы исследовать жизнь, не подчиняясь родительским правилам, рекомендациям и не соответствуя навязанным образам — они формируют собственный образ себя.

Признание. Вступая во взрослую жизнь, подростки еще не имеют жизненного опыта. Они впервые переживают то, что вы пережили уже много раз, поэтому вам трудно бывает понять остроту их реакций на ситуации, которые вам кажутся обычными. Такое непонимание с вашей стороны и приводит к конфликтам: вы не признаете их эмоции адекватными ситуации, тогда как они просто еще не научились реагировать на жизненные перипетии так, как уже умеете вы. Помните: ваш подросток еще только учится жить, и в этот непростой период ему очень важно знать, что его родители признают и принимают реальность и адекватность его переживаний.

Материальное обеспечение (не хуже, чем у сверстников). Подростки обычно рассчитывают на материальную поддержку родителей; это может быть доступ к каким-то развлечениям или просто деньги. Материальное обеспечение помогает им в общении со сверстниками. Подростки, как правило, нуждаются в чувстве причастности к какой-то группе, в полной мере оно достигается только с ровесниками, а одежда и гаджеты становятся хорошим подспорьем для признания этой значимой группой.

Убежден, что ни одна из этих потребностей вас не удивляет; возможно, вы помните, как все это было важно, когда вы сами были подростком. Само по себе понимание мотиваций вашего ребенка не поможет вам изменить ситуацию, но поможет донести до него, что вы понимаете его нужды — даже если не согласны с чем-то. Если ваш ребенок будет знать об этом, вам будет намного легче установить с ним связь и повлиять на его поведение.

Помните: подростки всегда очень честны в своем гневе. У них нет грандиозной схемы манипуляций, нет коварных планов. Подросток может осознанно провоцировать вас и сбивать с толку, но намерения захлебываться гневом и страдать от этого у него точно нет.

 ВОПРОС-ОТВЕТ

В: Вы хотите сказать, что мой ребенок не несет ответственность за свои истерики и вспышки разрушительного гнева? Что я должен просто освободить его от этой ответственности, потому что его гнев — не его выбор?

О: Нет, речь не об этом. Иногда подросток провоцирует вас намеренно — хочет задеть вас, втянуть в конфликт, но он вовсе не стремится снова и снова проходить через эти страдания. Безусловно, он отвечает за те действия, которые причиняют вред другим, но ответственность и вина — не одно и то же.

В своей работе «Терапия принятия и ответственности» (2011) психологи Стивен Хейз, Керк Стросаль и Келли Уилсон проводят важную границу между чистыми и грязными эмоциями. Чистые эмоции — первичные, базовые реакции на стимулы окружающей среды, они транслируют основную информацию о том, что с нами происходит, плохое или хорошее. Чистый гнев возникает, когда некто напрямую угрожает вашему благополучию, физическому или психологическому. Такой гнев, в соответствии со своей первобытной функцией, побуждает нас предпринять действия для исправления сложившейся ситуации.

Грязный гнев — это нечто иное, это продукт наших интерпретаций первичных эмоций. То есть, например, грязный гнев возникает, когда нам кажется, что кто-то, случайно причинивший нам боль, сделал это намеренно. Мы приходим в негодование и восклицаем: «Да как ты смеешь!» Грязная эмоция — это слой ненужной примеси к базовой эмоции, будь то гнев, страх или что-либо еще. Это все равно что смешивать цвета: если взять один из цветов радуги и тщательно смешать его со всеми остальными, получишь лишь грязно-бурое месиво.

Позже мы обсудим, почему люди разводят такую грязь на своей эмоциональной палитре, а пока запомните лишь то, что наш мозг постоянно пытается защитить нас: он регистрирует эмоции и принимает оперативные решения о том, как по возможности избежать вреда. Проблемы возникают тогда, когда ваша система реагирует не пропорционально опасности актуальной ситуации, например, когда вы уже находились в определенном неконструктивном эмоциональном состоянии, и теперь любая мелочь может сильно вывести вас из себя.

Этот грязный гнев можете испытывать и вы, и ваш ребенок — мозг ребенка тоже пытается защитить его.

В системе вашего взаимодействия может возникнуть рассогласованность — особенно если на агрессивное поведение подростка влияют более серьезные клинические факторы.

Психические факторы подросткового гнева

Иногда вспышки гнева у подростков обусловлены серьезными психическими проблемами, требующими лечения: депрессия, тревожное расстройство, посттравматический синдром. Чтобы помочь ребенку, важно разобраться — с помощью специалиста, — не выходят ли проявления его гнева за рамки типичных посланий УППМ, поскольку в этом случае он нуждается в профессиональной помощи.

В рамках Национального исследования коморбидных патологий[1] 2010 года д-р Кэтлин Мерикангас и ее коллеги опросили более 10 000 американских подростков. В ходе исследования выяснилось, что поведение около 32 процентов опрошенных в тот или иной момент жизни соответствовало критериям тревожного расстройства. Поведение 19 процентов — критериям поведенческого расстройства (например, оппозиционно-вызывающее расстройство), 14 процентов — критериям аффективных расстройств (например, клиническая депрессия), а около 11 процентов обнаруживали признаки расстройств, вызванных употреблением наркотиков. Очевидно, что огромное количество подростков страдает от сопутствующих этим расстройствам эмоциональных проблем.

Как психологу, проработавшему с подростками из группы риска более 15 лет, мне часто приходилось слы-

---

[1] Сопутствующих заболеваний. — *Примеч. пер.*

шать различные комментарии родителей по поводу возможного душевного расстройства, вызывающего гнев их ребенка. Вот примеры таких замечаний:

«Когда он действительно сильно на взводе, когда видно, что он теряет контроль над собой, я не могу справиться со страхом, что на этот раз он что-нибудь сделает — причинит вред себе или кому-то еще».

«Вы полагаете, она грустит? Она точно не грустит — по-моему, она просто ненавидит весь мир».

«Мне приходится ходить вокруг него на цыпочках — если я не помогаю ему избежать того, с чем ему не хочется иметь дело, я становлюсь мишенью — я во всем виновата».

«Конечно, я понимаю, что она сильно пострадала от нашего развода и вообще, но в ее возрасте я тоже через многое прошла, однако я никогда не предъявляла претензии своим родителям и другим членам семьи, как это делает она, — никакого уважения».

«У него совсем нет друзей, он сжег все мосты».

Клинические формы психических расстройств у подростков могут ярко выражаться в агрессивном поведении. Поскольку в задачи этой книги не входит подробное обсуждение таких состояний, я бы хотел обратить ваше внимание лишь на несколько важных моментов.

Под гневом может скрываться депрессивное состояние

Гнев может быть лишь поверхностным защитным слоем, скрывающим подавленные эмоции и мысли депрессивного характера. Чаще я замечал эту тенденцию у юношей, которым помогал, но и у девочек она тоже встречается. В этом случае подросток настолько подавлен и не уверен в себе, что в отчаянии иногда всерьез задумывается о самоубийстве. Как правило, подростки не рассказывают о своем состоянии, и родители не замечают признаков депрессии у ребенка. Это усугубляет его ощущение собственной незаметности, ненужности и незначимости. Агрессивные выходки в адрес близких, учителей и других опекунов дают подростку ощущение контроля над ситуацией, которого им так недостает. Как правило, они не верят, что смогут как-то изменить свою жизнь, — и не ждут от нее ничего хорошего. А вот проявления гнева имеют предсказуемые последствия: ребенок знает, чего ждать в ответ на свои выходки, даже если они грозят ему неприятностями дома, в школе или в отношениях со сверстниками.

> Гнев иногда становится способом
> скрыть сильную тревогу

Стереотипное представление о тревожных детях рисует их этакими забитыми тихонями, едва заметными в классе или спортзале, которые от всего шахараются и стараются избегать какого бы то ни было внимания. В действительности же тревожные дети часто бывают агрессивными. Однако угрожающий внешний вид и агрессивное поведение являются не чем иным, как ширмой, за которой ребенок прячет множество страхов. Например, некоторые чрезвычайно тревожные подростки пытаются уклоняться от уроков в школе, симулируя болезнь. Когда ответственные родители, поняв это, заставляют ребенка идти на занятия — будучи совершенно не в курсе, каким нападкам он подвергается со стороны сверстников (отчего и возник его страх), — они рискуют услышать о себе много нового: им дадут понять, что они худшие в мире родители, которые ничего не понимают и ничем не могут помочь. Так подросток под видом гнева скрывает свой страх и тревогу.

> Гнев может быть механизмом самозащиты в случае серьезной утраты или травмы

Подростки, пережившие тяжелую утрату, физическое или эмоциональное насилие, отсутствие опеки, могут прятать свою боль очень глубоко и обычно не способны разобраться с ней в одиночку. Возможно, недавно у них умер близкий, они пережили насилие или предательство со стороны того, кому доверяли, либо, наоборот, стали жертвой незнакомца. В подобных случаях гнев является, с одной стороны, сигналом того, что ребенок пережил душевную травму, а с другой — главным способом защиты от возможных последующих травм. То есть в данном случае гнев сообщает следующее: «Если я буду вести себя агрессивно, я смогу держать людей на расстоянии, и у них больше не будет возможности причинить мне боль». Показывать свою боль и страх, возникшие в результате травмирующих событий, кажется рискованным, поэтому подростки выбирают другую эмоцию — гнев. Родители становятся безопасной мишенью для выражения замаскированной под гнев боли: то, что подросток не может держать в себе, он вываливает на них, получая временное облегчение.

Вы наверняка знаете о том, что ваш ребенок был чем-то травмирован, но от этого вам не легче переносить его гнев. В минуты тишины и покоя вы способны ощутить настоящее сострадание к нему, но когда он выплескивает на вас свой сокрушительный гнев, все ваше сочувствие улетучивается.